Sylvia Ljubic

Werkstattbuch Bilderrahmen

Sylvia Ljubic

Werkstattbuch Bilderrahmen

Alle handwerklichen Techniken in Schritt-für-Schritt-Fotos und Beispielen

Augustus Verlag

Für Susi, die meinen ersten Rahmen erwarb

Die Deutsche Bibliothek - CIP-Einheitsaufnahme

Werkstattbuch Bilderrahmen : alle handwerklichen Techniken in Schritt-für-Schritt-Fotos und Beispielen / Sylvia Ljubic. [Fotogr.: Fotostudio Natascha ; Klaus Lipa]. - Augsburg : Augustus-Verl., 1999
ISBN 3-8043-0615-2

Fotos der Arbeitsschritte,
Fotos der Musterrahmen:
Fotostudio Natascha,
Fotografenmeister, Alaudagasse 14,
A – 1100 Wien
Arrangiert von S & S Ljubic, Wien
Sämtliche Rahmenmodelle:
© Designerrahmen Sylvia Ljubic,
Geißfußgasse 43, A – 1100 Wien

Umschlagfoto: Klaus Lipa, Augsburg
Lektorat: Susanne Gugeler, Mering
Umschlaggestaltung: Abraxas Werbegrafik Karina Stieler, Augsburg
Layout: Bernd Walser Buchproduktion, München

AUGUSTUS VERLAG AUGSBURG 1999

Satz: Bernd Walser Buchproduktion, München
Reproduktion: Fotolito Longo, Bozen
Druck und Bindung: Appl, Wemding
Gedruckt auf 135g/m^2 umweltfreundlich chlorfrei gebleichtem Papier.
ISBN 3-8043-0615-2
Printed in Germany

Vorwort

„Ein Bild ohne Rahmen ist wie eine Seele ohne Körper", erkannte einst schon Vincent van Gogh. Bilder an den Wänden machen eine Wohnung erst richtig heimelig, wobei oft unterschätzt wird, wie sehr ein Bilderrahmen ein Bild verändern kann: Ein billiger Druck oder eine einfache Reproduktion eines berühmten Werkes wird mit einem zum Stil des Bildes passenden Rahmen und richtiger Beleuchtung zu einem Blickfang. Ein noch so wertvolles Original wird in einem unpassenden Rahmen oder gar ohne Passepartout zum häßlichen Entlein; es kann sogar ernsthaft Schaden nehmen. Rahmen sollen stets dem Bild untergeordnet sein, es nicht dominieren, haben aber einen höheren Stellenwert, als man üblicherweise bereit ist, ihnen zuzubilligen.

Ich entwerfe Unikat- und Designerrahmen, wobei ich bei der Auswahl der Leisten und der Rahmengestaltung auf Stilrichtung, Thema und Farbgebung des Bildes reagiere und auf Wohnungseinrichtung und Geschmacksvorlieben des Auftraggebers eingehe.
Der Rahmenbau gibt mir die Möglichkeit, Bild und Rahmen als künstlerische Einheit zu verschmelzen und viele, oft sehr unterschiedliche Anforderungen zu verwirklichen.
In diesem Sinne versuche ich, mit diesem Buch Künstlern und Kunstliebhabern, aber auch Heimwerkern und Bastlern Anregungen zu liefern.

Viel Erfolg wünscht Ihnen
Sylvia Ljubic

Inhalt

Allgemeine Überlegungen – Grundlegendes

Zu diesem Buch

Wozu eigentlich Rahmen selbst anfertigen, gibt es doch eine immer größer werdende Auswahl günstiger Rahmen in den Baumärkten und Möbelhäusern? Nun, dafür sprechen verschiedene Gründe.

Preis
Wirklich günstig sind die in großer Anzahl produzierten Rahmen in Standardgrößen. Aufwendigere Leistenprofile vom Rahmenhändler in Sondergrößen haben auch einen stolzen Preis; Individualität ist leider kaum zu bezahlen.

Gestaltung
Nach mehr oder weniger intensiver Suche wird für die meisten Bilder ein Rahmen gefunden. Es handelt sich dabei dann aber leider oft nur um eine Kompromißlösung. Bei der Umsetzung spezieller Vorstellungen sind Sie entweder auf eine Handvoll – meist überbeschäftigter – Rahmendesigner oder Ihr eigenes Geschick angewiesen.

Hobby
Rahmenanfertigung, Gestaltung der Oberfläche, Auswahl, Zuschnitt und Dekoration der Passepartouts sind eine sehr kreative Freizeitbeschäftigung, und schließlich bereitet ein selbstgerahmtes Bild noch einmal soviel Freude. Bedingt durch die nach wie vor steigende „Do it yourself"-Welle besitzen bereits viele die zur Rahmenanfertigung benötigten Werkzeuge, und handwerkliche Grundkenntnisse sind weit verbreitet.

Entwicklungsgeschichte des Rahmens
Das Wesentliche ist doch wohl das Bild, warum also um den Rahmen so viel Aufhebens machen? Nun, da haben Sie vollkommen recht. Auch mein Motto ist immer, daß sich der Rahmen dem Bild unterzuordnen hat. Daß jedoch zu einem schönen Bild ein liebevoll gestalteter Rahmen gehört, ist vielen gar nicht mehr bewußt. Deshalb kurz ein Blick auf die Entwicklungsgeschichte des Rahmens.
Anfangs, als die Künstler auf Holz malten, ließen sie einfach den Bildrand für die Vergolder frei. Diese gemeinsam geschaffenen Bilder wurden daher meistens auch von beiden signiert, waren also eine Einheit. Als später Leinwand und Papier als Malgrund Verwendung fanden, begann man mit der langwierigen, manuellen Herstellung aufwendigst strukturierter Rahmen, die ab Beginn dieses Jahrhunderts immer mehr von maschinell gefertigten Standardrahmen verdrängt wurden. Es existieren zwar noch die damaligen Grundlagenkenntnisse, der damit verbundene enorme Arbeitsaufwand ist in der heutigen Zeit jedoch nur noch für Restauratoren und ähnliche Berufsgruppen vertretbar.

Schritt für Schritt zum Profi
Da Ihnen natürlich nicht die technischen Möglichkeiten einer Bilderrahmenfabrik zur Verfügung stehen, werden in diesem Buch verschiedene Wege aufgezeigt, um mit anderen Techniken und Materialien vergleichbare Effekte erzielen zu können. Ein besonderes Anliegen ist mir jedoch, mit dem in diesem Buch vermittelten Grundwissen den Mut zur Kreativität und damit zur Umsetzung eigener Ideen zu wecken.
Haben Sie beim Durchblättern des Buches an den hübschen Gestaltungsmöglichkeiten Gefallen gefunden, machen Sie sich jedoch Gedanken über Ihre handwerklichen Fähigkeiten? Sie haben schon recht, der Geschmack und das handwerkliche Geschick entscheiden beim Rahmenbau über Erfolg und Mißerfolg. Da Können und Geschicklichkeit in erster Linie von Ihrem Maß an Erfahrung abhängen, steigert jedes folgende Kapitel Ihre Sicherheit und bereitet Sie auf schwierigere Aufgaben vor.

Verschiedene Anforderungen und Stilrichtungen – viele Möglichkeiten stehen Ihnen offen.

Die übersichtlich gestalteten Schritt-für-Schritt-Erklärungen lassen keine Probleme aufkommen, wesentliche Arbeitsschritte werden mit Bildern erläutert, die Konstruktions- und Oberflächengestaltungsbeispiele sind in eigenen Kapiteln zusammengefaßt, die variabel kombinierbar eine Vielzahl von Endlösungen ergeben.
Die Aufstellung über Material und Werkzeug liefert Ihnen ein Basiswissen für eingehendere Gespräche mit dem Werkzeughändler, macht Sie mit den Vor- und Nachteilen verschiedener Geräte vertraut und zeigt Ihnen für jeden Arbeitsschritt verschiedene Lösungsmöglichkeiten.
Die Arbeit beginnt mit der Konstruktion eines einfachen Rahmens aus Rechteckprofilen, zeigt Schnitte von 90°-Winkel, von 45°-Winkel sowie die notwendigen Montagearbeiten von der Leiste zum Rahmen.
Sie lernen verschiedene gängige Möglichkeiten der Oberflächenbehandlung wie Tönung und Vergoldung kennen, ich zeige Ihnen einige Techniken für den Aufbau und das Einarbeiten von Strukturen, und Sie bekommen zahlreiche Anregungen zum Selbstexperimentieren.
Ich möchte mit diesem Buch interessierten Handwerkern, Bastlern, Kunststudenten, Künstlern und allen kreativen Kunstenthusiasten eine praxisnahe Arbeitsvorlage liefern, mit wenig Fachbegriffen die für Sie möglichen, bewährten Methoden rund um den Rahmenbau vermitteln und dabei meine eigenen Erfahrungen mit der Oberflächengestaltung unter Verwendung der momentan im Handel erhältlichen Materialien an Sie weitergeben.

Tips rund um das Bild

Bevor Sie sich mit Rahmungen näher beschäftigen, noch einige grundlegende Ratschläge zu Bildern, um irreparable Schäden zu vermeiden.

Lagerung
Zwischen mehrere Bilder von Wert (besonders bei Originalzeichnungen mit Kreide, Kohle, Bleistift) gehört säurefreier, alterungsbeständiger Museumskarton. Verwenden Sie niemals Zeitungspapier oder andere minderwertige Papiersorten. Der durch die Papierzersetzung einsetzende „Säurebrand" würde auf das Bild übergreifen und es zerstören. Achten Sie auf normale Raumtemperatur und niedrige Luftfeuchtigkeit.

Luftdurchlässigkeit
Eine vor Staub schützende Rahmung („Paket", siehe Seite 104) stellt nur dann eine haltbare Aufbewahrungsart dar, wenn durch Perforation des Naßklebestreifens eine ausreichende Belüftung des Bildes gewährleistet ist. Verwahren Sie daher Bilder niemals in luftdichter Plastikfolie, oder rahmen Sie es nicht direkt zwischen zwei Glasplatten.

Zuschnitt
Schneiden Sie von keinem Ihrer Bilder einen Teil ab, auch wenn dieser unbearbeitet ist. Bei Aquarellen oder Radierungen beispielsweise kann der Papierrand bis zur Signatur mit einem Passepartout verdeckt werden, auch in diesem Fall darf nichts be- oder abgeschnitten werden, da dies eine Wertminderung darstellt.

Verklebungen
Für die erforderlichen Klebearbeiten an Bildern verwenden Sie stets säurefreie Klebstoffe (siehe „Aufziehen von Drucken", ab Seite 89). Originale dürfen niemals vollflächig aufgeklebt werden. Für die Verklebung von Fotos, Postern etc. eignet sich alterungsbeständiger Sprüh- oder Montagekleber sowie doppelseitiger Klebefilm.

Verglasung
Ich bin der Meinung, daß Bilder prinzipiell niemals direkt hinter Glas (oder gar zwischen zwei Gläsern!) liegen sollten. Falls dies in manchen Fällen unumgänglich ist, verwenden Sie möglichst kein Antireflexglas, da Bilder in diesem Fall besonders der Gefahr von Fleckenbildung (Schimmel!) ausgesetzt sind. Durch Beilegen eines hochwertigen Passepartoutkartons ist die Verwendung von Antireflexglas jedoch bedenkenlos möglich.

Säurefreie, alterungsbeständige Papiersorten
Sie sollten sich über alle Werkstoffe, die mit dem Bild direkt in Berührung kommen, Gedanken machen – besonders natürlich, wenn es um die benötigten Papiere und Kartons geht.
Herkömmliches Papier wird aus Holzschliff angefertigt. Die Hauptkomponenten Zellstoff und Lignin setzen unter Licht- und Wärmeeinflüssen chemische Substanzen frei, welche den sogenannten „Säurebrand", eine chemische Zersetzung des Materials, zur Folge haben und auf das Bild übergreifen können (denken Sie nur an die rasche Alterung von Zeitungspapier).
Hochwertiger Passepartoutkarton Echt Bütten und Museumskarton wird holzfrei hergestellt, besteht also aus Zellstoff und/oder Baumwollfaserstoff und einem zweiprozentigen Zusatz von Calciumcarbonat (Kreide) zur Abwehr schädlicher Umwelteinflüsse. Durch Verwendung von Erdfarben und Farbpigmenten kann eine andauernde, gleichbleibende Färbung der Spezialpapiere und Kartons gewährleistet werden, die Verwendung von säurefreiem Leim und Einhaltung eines pH-Wertes zwischen 7,5 und 9,5 bewirken eine besondere Licht- und Alterungsbeständigkeit. Seriöse Papierfabriken belegen die Erfüllung der neuen DIN-Norm 6738 mit einem Zertifikat. Die Investition in Qualitätsware ist daher bei jeder Rahmung zu empfehlen, für Bilder von Wert jedoch unerläßlich.

Reparatur/Restauration
Wertvolle Bilder müssen zu einem Fachmann gebracht werden. Einige Renovierungstips gibt es auf Seite 103.

Gedanken zum Werkzeug- und Materialbedarf

Die Beantwortung der Frage, ob und wieviel Sie in den Rahmenbau investieren, wird von Ihrer Brieftasche genauso abhängen wie von der Überlegung, was Sie erreichen wollen, bzw. welche Erwartungen erfüllt werden sollen. Daher noch einige grundsätzliche Fragen zu diesem Thema, die Sie sich vor dem Werkzeug- und Materialeinkauf stellen sollten.

- ▶ Sind viele Bilder zu rahmen?
- ▶ Wie hoch ist der materielle oder ideelle Wert des zu rahmenden Bildes?
- ▶ Will ich eine langfristige Haltbarkeit von Bild und Rahmen anstreben oder eine schnellebige, kurzfristigen Erfordernissen entsprechende Idee umsetzen?
- ▶ Betreibe ich die Rahmenherstellung in erster Linie, um eigene Ideen umzusetzen, und ist die Kostenfrage dabei sekundär (Sondergröße, ausgefallene Formen, besondere Oberflächenbehandlung)?
- ▶ Betreibe ich die Anfertigung von Rahmen aus Kostenersparnisgründen und bin daher auch auf möglichst billiges Material, Zubehör, Werkzeug usw. angewiesen?
- ▶ Wie ist die momentane Werkzeugausstattung, ist ein geeigneter Arbeitsplatz vorhanden (Investitionsbereitschaft überdenken)?

Ich persönlich habe die Erfahrung gemacht, daß – wenn Sie häufig Bilderrahmen herstellen – das Sparen beim Werkzeugkauf und die Verwendung von billigem Material meistens nichts bringt – außer Ärger. Da aber das Werkzeug einen erheblichen Teil der Kosten zur Herstellung eines Rahmens ausmacht, erhebt sich die Frage: Was habe ich bereits, was brauche ich noch? Nun, das richtet sich im wesentlichen nach Ihren weiteren Plänen. Sollen nur ein oder zwei Rahmen angefertigt werden, wird sich die Anschaffung einer kompletten Profiausrüstung nicht rentieren, zumal einige der hier vorgestellten Musterrahmen mit wirklich einfachstem Werkzeug angefertigt werden können. Mit etwas Geschick, Improvisationstalent und sorgfältiger Verarbeitung können Sie sicherlich zu ansehnlichen Resultaten gelangen. Haben Sie aber vor, in Zukunft mehr mit Holz zu werken, so empfehle ich Ihnen, das eine oder andere Werkzeug zu erwerben, zumal alle hier vorgestellten Geräte für die verschiedensten Heimwerkertätigkeiten verwendet werden können. Vielleicht findet sich ein Heimwerker in Ihrem Verwandten- oder Bekanntenkreis, bei dem Sie etwas ausborgen können. Wenn nicht, so empfehle ich Ihnen Annoncen in Secondhand-Zeitungen zu studieren, sich auf einem Flohmarkt umzusehen oder gebrauchtes Tischlerwerkzeug von einer Geschäftsauflösung zu erwerben, anstatt ein zwar neues, aber qualitativ drittklassiges Stück zu kaufen, um dieses dann auf ewig zu verfluchen.

Entwickeln Sie sich zum Fachmann

Es gibt viele Werkzeugproduzenten. Nehmen Sie verschiedene Geräte in die Hand, prüfen Sie Gewicht, Leistung und Ausführung, und überlegen Sie, wo das Gerät Ihrer Wahl sonst noch zum Einsatz kommen könnte. Vielleicht entwickeln Sie sich zum begeisterten Heimwerker, wenn Sie erst einmal Gefallen am Umsetzen eigener Ideen gefunden haben und Ihnen in Zukunft die eine oder andere Rechnung eines Gewerbetreibenden erspart bleibt.
Oft gelingt es Billiganbietern, mit jeder Menge Zubehör über die mangelnde Ausführung ihrer Produkte hinwegzutäuschen. Sowohl die Freude an einem billigen Gerät als auch an Ihrem Werkstück ist spätestens dann dahin, wenn das Werkzeug beim Gebrauch nicht hält, was es verspricht. Speziell bei Elektrowerkzeug ist die Arbeit mit massiveren Modellen laufruhiger und damit wesentlich genauer möglich, von der Lebensdauer ganz zu schweigen. Und letztendlich ist natürlich auch die Freude an der Arbeit mit soliden Werkstoffen und

Bild 1 Mein Arbeitsplatz ist ein freistehender Tisch mit einer Arbeitsfläche von 80 mal 120 cm. Auf dem Kapp- und Frästisch kommen die jeweils benötigten Werkzeuge zum Einsatz. Die manuelle Gehrungssäge ist am anderen Tischende stabil montiert. Der Fliesenboden sowie die an den Elektrowerkzeugen ständig angeschlossene Schmutzabsaugung ermöglichen Arbeiten mit geringster Staubbelastung.

entsprechendem Werkzeug gleich noch einmal so groß.
Auch beim Materialeinkauf ist Sparen angesagt – aber nicht um jeden Preis. So wie billige Pinsel gerne haaren und Leisten zweiter Wahl krumm oder harzig sind, kann Naturpapier niemals einen 100 %ig säurefreien, lichtechten, fein säuberlich in Gehrung geschnittenen Passepartoutkarton Echt Bütten ersetzen.
Versuchen Sie also, anhand der oben gestellten Fragen den für Sie idealen Weg zu finden und die in diesem Buch offerierten Ideen aufzugreifen oder mit wachsender Übung und Erfahrung abzuwandeln. Daß die folgende Auflistung nur den Einstieg zu den Arbeiten rund um den Rahmenbau umreißen kann, ist verständlich, zumal es an Ihnen liegt, die Schwerpunkte zu setzen.

Allgemeine Arbeitsbedingungen

- Werkstatt oder anderer Platz, wo alles liegenbleiben darf
- Werkbank oder stabiler Tisch, wenn möglich rundherum zu begehen
- Putzlappen
- altes Zeitungspapier oder Karton zum Unterlegen
- ausreichende Lichtverhältnisse
- geeignete Bodenbeschaffenheit (zum Beispiel Fliesen)

Über eine komplett eingerichtete Werkstatt verfügen leider nur die wenigsten Bastler. Gehen Sie Kompromisse ein, und verwirklichen Sie mit den verschiedensten Hilfsmitteln Ihre persönlichen Vorstellungen. Verwenden Sie irgendeinen alten stabilen Tisch, der beim Sägen und Hämmern nicht allzusehr wackelt. Die Tischplatte sollte möglichst eben sein und nicht kürzer als 1,2 Meter. Es erleichtert die Arbeit sehr, wenn der Tisch frei im Raum steht und der Rahmen von allen Seiten zugänglich ist. An einer Tischseite kann man die Gehrungssäge montieren.
Falls ein schönerer Tisch für diese Arbeiten herhalten muß, vergessen Sie nicht, ihn mit alten Zeitungen, Karton oder ähnlichem sorgfältig abzudecken und bei jeder Zwinge zusätzlich einen stärkeren Kartonstreifen mit einzuklemmen, um die Tischplatte nicht zu beschädigen.
Kleine Mißgeschicke lassen sich mit einem feuchten Putzlappen leicht entfernen, eingetrocknete Klebe- und Farbrückstände erinnern Sie noch nach Jahren an Ihre Tätigkeit.
Daß schließlich auch für ausreichende Lichtverhältnisse zu sorgen ist, klingt banal. Da viele Werktische jedoch in „Notquartieren“ stehen, ist meist eine zusätzliche Lichtquelle notwendig, um exaktes, sauberes Arbeiten zu ermöglichen.
Bei Holzarbeiten fallen jede Menge Sägemehl und Schleifstaub an, die sich innerhalb kürzester Zeit trotz verschiedener „Schmutzschleusen“ liebend gerne im ganzen Wohnbereich verteilen. Ein leicht zu reinigender Fußboden ist daher besonders im Werkstattbereich sinnvoll. An den Elektrowerkzeugen ist zwar oft ein Staubsack angeschlossen, mit dem eine gewisse Reduktion der Staub- und Schmutzbelastung erreicht werden kann, wesentlich wirkungsvoller ist jedoch der Anschluß eines Allzwecksaugers (Naß- und Trockensaugers) mit Hilfe eines Adapters (Zubehör) direkt an den Spanauswurf des Elektrowerkzeuges. Staubsaugermodelle, bei denen am Gehäuse ein Elektrogerät angesteckt werden kann, sind besonders praktisch. Wird das Elektrogerät in Betrieb gesetzt, schaltet sich automatisch auch der Staubsauger ein bzw. aus.

Bild 2
Kleinwerkzeug und Kleinmaterial für den Rahmenbau

Werkzeug und Material für den Rahmenbau

Maßband, Winkel, Lineal
Wofür Sie sich auch entscheiden, zufriedenstellende Ergebnisse liefern nur stabile und genaue Fabrikate, die dem jeweiligen Verwendungszweck angepaßt sein sollten.

Bleistift
Verwenden Sie keinen Bleistift mit harter Mine, er hinterläßt im Weichholz unschöne Kratzspuren, ohne eigentlich zu markieren. Um Ungenauigkeiten zu reduzieren, sollte er stets gut gespitzt sein.

Nageltreiber, Nagelversenker
Dieser Eisenstift (manchmal mit magnetischem Kernstück) hat beiderseits flache Enden. Mit dem Hammer können damit Stifte bis knapp unter die Holzoberfläche versenkt werden, ohne die Leiste zu beschädigen.

Hammer
Ein leichter, zierlicher, noch nicht abgenutzter Hammer ist für die geplanten Arbeiten optimal.

Zange
Eine gute Beißzange und eine Kombizange sind bei allen Arbeiten mit Holz treue Begleiter; Tapetenleistenstifte lassen sich leicht auf die gewünschte Länge kürzen.

Schneidemesser oder Cutter
Ein Bastelmesser mit austauschbarer Klinge kostet nicht viel und ermöglicht saubere Schnitte. Wegen der höheren Schnittgenauigkeit sollten nur stabile Modelle mit fixierbarer Klinge verwendet werden. Das Schneidemesser vom Künstlerbedarfsgeschäft liegt wie ein Bleistift gut in der Hand, die skalpellartigen Klingen können ausgetauscht werden.

Tischlerzwinge, Klemmzwinge
Ein kleines Paar Tischlerzwingen mit ca. 20 cm Auszug und 10 cm Backenlänge ist für viele Arbeiten mit Holz unerläßlich. Für die Erreichung hoher Druckkraft ist selbst bei diesen kleinen Modellen eine stabile Ausführung wichtig. Klemmzwingen sind schneller zu spannen und für kleinere Arbeiten eine preiswerte Alternative zu herkömmlichen Schraubzwingen.

Holzleim
Es gibt im Handel verschiedene Sorten. Für das zügige Arbeiten beim Rahmenbau bevorzuge ich den schnellabbindenden, synthetischen Weißleim, der einen angenehmen Geruch hat. Frische Flecken lassen sich leicht mit Wasser entfernen. Der Leim hält Verbindungen bereits nach 20 Minuten und ist nach 24 Stunden durchsichtig sowie komplett durchgehärtet. Bei größerem Verbrauch ist die Anschaffung einer Dose ökonomischer, die etwas kleineren Flaschen eignen sich aber durch den Düsenaufsatz für genaues Arbeiten noch besser.

Nägel, Stifte, Klammern, Flachdübel
Nägel werden vorwiegend zur zusätzlichen Verbindung der Rahmenecken verwendet. Ihre Länge richtet sich daher nach dem Leistenprofil. Um die Nägel unsichtbar in die Leiste versenken zu können, nehmen Sie möglichst dünne, auf jeden Fall „kopflose" Nägel (= Stifte), wobei sich sogenannte Tapetenleistenstifte und Leistenstifte besonders bewährt haben. Das Wissen um die Stärken- und Längenbezeichnung auf der Verpackung erleichtert den Einkauf in Selbstbedienungsmärkten. Die erste Zahl gibt die Stärke in Millimetern an, während die zweite Zahl die Länge des Stiftes in Millimetern angibt.
Eine andere einfache Möglichkeit zur Verstärkung der Eckverbindungen stellen Klammern dar. Sie können mit einem Tacker einige möglichst breite, starke Klammern quer über dem gut geleimten Gehrungsschnitt fixieren. Achten Sie dabei auf die Leistenstärke, damit die Rahmenvorderseite nicht beschädigt wird!
Ab einer gewissen Leisten- bzw. Rahmendimension gibt es für mich aber eigentlich nur eine wirklich stabile Lösung: das Fräsen von Flachdübeln mittels Schattenfugenfräse (auch Flachdübelfräse genannt) oder Oberfräse mit Scheibennutfräser.

Schleifpapier, Schleifkissen
Es ist zusätzlich zu elektrischen Schleifgeräten unerläßlich. Je höher die Nummernbezeichnung, desto feinkörniger das Papier. Wenn Sie einige Sorten Trockenschleifpapier von Nr. 40 bis etwa Nr. 280 vorrätig haben, sind Sie für alle Arbeiten am Rahmen ausgerüstet. Ein Schleifklotz aus Kork oder Vollgummi, um den das Papier gewickelt werden kann, ist empfehlenswert. Ecken und Rundungen können mit einem weichen, anschmiegsamen Schleifkissen gut bearbeitet werden.

Bild 3 Geräte für den Leistenzuschnitt

Bild 4 Verschiedene Möglichkeiten für die Leistenmontage

Geräte für den Leistenzuschnitt

Überdenken Sie die gewünschte Rahmenanzahl. Vielleicht können Sie sich bei einem Freund oder Nachbarn eine gute Säge ausborgen. Falls Sie eine Säge kaufen wollen, entscheiden Sie sich nicht nur nach dem Inhalt Ihrer Brieftasche, denn gerade für Schneidewerkzeug gilt: Hochwertige Sägen behalten ihre Schärfe wesentlich länger und sind verwindungssicherer, was genaue Zuschnitte ermöglicht. Nur exakte 45°-Schnitte sehen gut aus und ermöglichen Ihnen anschließend einen genauen, reibungslosen Zusammenbau rechtwinkeliger Rahmen, in die Glas, Bild, Passepartout etc. problemlos hineinpassen.

Gehrungslade
Dabei handelt es sich sicherlich um die preiswerteste Lösung, sie stellt aber keine echte Alternative zur Gehrungssäge dar. Sie besitzt in Hartholz vorgeschnittene Führungsschlitze sowohl für 45°- als auch für rechtwinkelige Schnitte. Mit der dafür vorgesehenen Feinsäge gelingen bei sorgfältiger Handhabung passable Schnitte. Da sich die Führungsschlitze jedoch rasch erweitern, ist ein genauer Leistenzuschnitt für mehrere Rahmen kaum möglich. Sie sollte daher nur bei sehr schmalen, dünnen Leisten verwendet werden und falls man nur eine geringe Anzahl von Rahmen anzufertigen gedenkt.

Gehrungssäge
Diese mechanische Feinsäge wird in einem mehr oder weniger stabilen, schwenkbaren Gestell geführt. Mit ihr können beliebige Winkelschnitte nach links und rechts genau ausgeführt werden. Als Zubehör sind meist auch kleine Zwingen an dieser Säge montiert, die das exakte Festhalten der Leiste während des Zuschnittes ermöglichen. Wenn Sie eine größere Anzahl von sauberen Zuschnitten planen, so sind Sie mit diesem Sägetyp sicher gut bedient. Bedenken Sie beim Kauf, daß eine gute Gehrungssäge folgende Merkmale aufweisen sollte: einen stabilen Rahmen, eine optimale Sägeblattbreite von mindestens 5 cm sowie eine Mindestlänge von ca. 50 cm. Etwa vier bis fünf feine Zähne je Zentimeter gewährleisten einen möglichst glatten Schnitt.

Handkreissäge
Das durch einen Motor betriebene feinzahnige Kreissägeblatt ermöglicht exakte Zuschnitte in konstanter Qualität. Dieser Sägetyp ist für den engagierten Bastler oder Heimwerker sehr vielseitig verwendbar. Durch Montage auf einem Frästisch können durch beliebige Winkelwahl sowohl die Aufgaben einer elektrischen Gehrungssäge durchgeführt werden, als auch der genaue und saubere Zuschnitt von breiten Leisten, auch Rückwände und eigene Profile und Falze können angefertigt werden. (Bild 3)

Werkzeug und Material für die Leistenmontage

Für die Herstellung sämtlicher Eckverbindungen ist je nach Rahmengröße und Leistendimension die Verwendung von Winkelspannern, eines Rahmenspanners oder eines Bandspanners möglich.

Schnur mit acht Klötzchen
Wenn Sie ohne Investitionen nur wenige kleine Rahmen aus dünnen Leisten zusammenbauen wollen, ist diese Methode die billigste. Die Stabilität und Haltbarkeit, wie sie mit passenden Werkzeugen erzielt werden können, gelingt hiermit jedoch kaum. Bestreichen Sie die Schnittflächen der Leisten satt mit Holzleim, und fügen Sie diese auf dem papierbedeckten Arbeitstisch zu einem Rahmen zusammen. Verteilen Sie die acht Klötzchen rund um die Außenkanten des Rahmens, jeweils zwei Stück entlang jeder Leiste. Legen Sie die Schnur rundherum, und binden Sie diese fest zu. Damit die Schnur straff sitzt und den maximalen Druck auf die Leisten ausüben kann, schieben Sie die Klötzchen vorsichtig, so weit es geht, in Richtung der Ecken.

Winkelspanner, Eckzwinge
Beide sind je nach Modell für Leistenbreiten bis etwa 8 cm einsetzbar. Grundsätzlich ist ein Stück ausreichend, mit vier Stück ist die Verleimung aller Leistenteile in einem Arbeitsgang möglich.

Rahmenspanner, Bandspanner
Dabei handelt es sich um ein Gummi- oder Gewebeband, auf dem Eckstücke aufgereiht werden. Für kleine Rahmungen genügt ein günstiger, handlicher Rahmenspanner mit Gummigurt, stabilen Führungsstäben und vier 45°-Eckstücken. Für schwere Rahmen sowie zur Herstellung besonderer Formen verwende ich einen stabilen Bandspanner mit einem reißfesten Spezialband und aufsteckbaren Ecken. Zuerst wird der Spanngurt so weit ausgerollt, daß die mit Leim bestrichenen Leistenteile zwischen die Winkelstücke gelegt werden können; dann wird der Gurt etwas vorgespannt. Durch Drehen am Bandspannergriff schließt sich die Umspannung, und der hohe Druck wird während der Aushärtungszeit des Leimes aufrechterhalten. Besonders praktisch haben sich Modelle mit Vario-Ecken erwiesen, mit denen aufgrund der schwenkbar gelagerten Druckplatten alle Winkel von 60° bis 180° hergestellt werden können (verschiedene Rahmenformen möglich). Außerdem ermöglicht die freie Sicht auf die Eckverbindungen ein genaues Einrichten der Leisten und verhindert den Leimkontakt zwischen Rahmen und den Eckstücken. Das Beilegen eines Kartonstreifens zum Schutz der Leisten ist bei diesen Modellen nicht erforderlich.

Schattenfugenfräse (Flachdübelfräse) oder Oberfräse mit Scheibennutfräser
Die Schattenfräse schafft die haltbarsten Eckverbindungen in Tischlerqualität und ist für Leistenbreiten ab ca. 5 cm empfehlenswert. In einem gefrästen Schlitz wird ein flacher Holzdübel (Flachdübel) in der Gehrung mitgeleimt, welcher große Stabilität und Verwindungssicherheit gewährleistet. Dieses Gerät ist auch für verschiedene andere Arbeiten im Heimwerkerbereich gut geeignet. Für diese Arbeiten ist auch die Verwendung einer Oberfräse mit Scheibennutfräser möglich.

Klammern, (Tapeten-)Leistenstifte, Flachwinkel, Leim
Verwendungs- und Verarbeitungsmöglichkeiten werden später noch genau erläutert.

Bild 5 Werkzeug und Material für die Oberflächenbehandlung

Bild 6 Werkzeug und Material für sonstige Arbeiten

Werkzeug und Material für die Oberflächenbehandlung

- Schleifmittel
- Einarbeiten von Strukturen
- Aufbau von Strukturen
- Tönung, Vergoldung, Bemalung
- Korrektur- und Reparaturmaterial

Diese Themen werden später in eigenen Kapiteln noch ausführlich behandelt. Die kleine Aufstellung dient nur zur Abrundung des Kapitels „Werkzeug- und Materialbedarf" und soll einen Einblick in die Oberflächenbearbeitungs- und Gestaltungsmöglichkeiten bieten.

Werkzeug und Material für sonstige Arbeiten

- Schneiden von Glas
- Aufkaschieren (Aufkleben) von Drucken und Fotos
- Arbeit mit Passepartouts
- Staubfreies Versiegeln von Bildern
- Renovierung
- Endmontagematerial, Aufhängemöglichkeiten

Diese Themen werden später in eigenen Kapiteln noch ausführlich behandelt. Die kleine Aufstellung dient nur zur Abrundung des Kapitels „Werkzeug- und Materialbedarf".

Leistenarten

Bilderrahmenleisten
Bilderrahmenleisten sind ganz einfach zu erkennen, denn sie haben das für Bilderrahmen so typische Profil: den Falz auf der Rückseite, der zur Aufnahme von Glas, Passepartout, Bild und Rückwand dient. In Baumärkten gibt es ein reichhaltiges Angebot an Bilderrahmenleisten mit fertigen Oberflächen und in vielen verschiedenen Profilen und Breiten. Da der Verkäufer auch gleich den Zuschnitt dieser Leisten übernimmt, hat man hiermit sicher eine Alternative zu sonst üblichen Fertigrahmen mit Fixmaßen. Dieses Angebot hat leider auch seinen Preis und läßt einer kreativen Oberflächengestaltung keinen Raum. Weitaus interessanter, nämlich sowohl in finanzieller Hinsicht als auch zur Umsetzung vieler individueller Ideen, ist das Naturholzleistensortiment, das in den Baumärkten und Holzfachhandlungen aufgrund des ständig wachsenden „Do it yourself"-Trends enorm erweitert wurde. Auf Seite 18/19 sind einige typische Leistenprofile abgebildet, die auch im Arbeitsteil dieses Buches verwendet werden.

Bau- und Bastelleisten
Neben den Bilderrahmenleisten gibt es auch mehrere Arten von Bau- und Bastelleisten, wobei die Auswahl an zur Verfügung stehenden Profilen eher eingeschränkt ist, durch Kombination verschiedener Profile jedoch die unterschiedlichsten Anforderungen erfüllt werden können.

Während Bastelleisten aus verschiedenen Holzarten gefräst oder gedrechselt werden, bestehen die meisten Bauleisten aus Fichten- oder Kiefernholz, was mit dem eher eingeschränkten Profilangebot wohl der Hauptgrund für den unschlagbar günstigen Preis ist. Diese Leisten lassen sich am besten für einfache, profillose Rahmenkonstruktionen, Einsatzrahmen und als „Rohling" für artverwandte Formen (z. B. Fräsung, Umbau oder Kombination mit anderen Leisten für Wechselrahmen) verwenden. Wofür Sie sich auch entscheiden mögen, vermeiden Sie, innerhalb eines Rahmens unterschiedliche Holzarten zu verleimen (es sei denn, gewisse Gestaltungstechniken erfordern dies), da jede Holzart als „lebender Werkstoff" verschiedene artspezifische Eigenschaften aufweist und es zu unnötigen Spannungen und Verwindungen und damit zu Rissen im Rahmen kommen kann.
Manche Bauleisten lassen sich mit geringfügigen Änderungen als Bilderrahmenleisten verwenden. Durch Kombination verschiedener Leisten erreicht man eine unglaubliche Vielfalt an Profilen, passend zu jedem Geschmack und jeder Stilart – Ihrer Kreativität sind damit kaum Grenzen gesetzt. Diese Kombinationsmöglichkeiten bieten auch einen weiteren Vorteil: Sie können Ihre Leisten „wachsen" lassen und umbauen, bevor Sie sie fix verleimen; vor allem Neueinsteiger können hier gut Erfahrungen sammeln. Da die Bauleisten wirklich günstig sind, ist es auch nicht so schlimm, wenn Ihnen am Anfang einmal etwas mißlingt!

Bild 7 Leistenprofile, die man beim Holzhändler oder im Baumarkt erwerben kann.

Tischlerleisten

Sie fragen sich bestimmt, was Tischlerleisten von anderen Leistenarten unterscheidet. Wenn Sie ein spezielles Leistenprofil (nicht zu aufwendig strukturiert, denn dafür fehlen Tischlern meistens die Spezialwerkzeuge) oder eine besondere Holzart (zum Beispiel Linde, Birne, Palisander) wollen, mit den Bauprofilen nichts Passendes kombinieren können und nicht über die Geräte verfügen, sich selbst zu helfen, so hat Ihr Tischler sicher ein offenes Ohr für Ihre Wünsche. Sie werden staunen, Rohholzleisten, exakt nach Ihren Angaben hergestellt, sind gar nicht so teuer, wie Sie vielleicht erwarten. Bedenken Sie jedoch, daß sich dieser Aufwand nur lohnt, wenn Sie pro Profil einen Bedarf von 50 laufenden Metern und mehr haben und vor einer Bestellzeit nicht zurückschrecken. Bestellen Sie in langen Stangen (ca. drei bis vier Meter), um den Verschnitt so gering wie möglich zu halten.

Zierleisten

Vor allem beim Holzhändler oder im Bastlergeschäft erhalten Sie verschiedene Zierleisten. Diese werden im Verlauf der Oberflächengestaltung einem Rahmen zur Zierde „aufgesetzt", sind also nicht Teil der Grundkonstruktion des Rahmens. Diese Funktion können sowohl Leisten unterschiedlichster Profile (zum Beispiel gedrechselte) als auch Holzapplikationen wie Rosetten übernehmen.
Da die gesamten Kombinationsmöglichkeiten der verschiedenen Leistenarten nahezu unbegrenzt sind, habe ich für dieses Buch versucht, einige typische Beispiele auszuwählen, um Ihnen zu zeigen, wie Sie mit angemessenem Kosten- und Arbeitszeitaufwand zu optimalen Ergebnissen gelangen.

Zeichnung 1
Typische rohe Bilderrahmenleisten, Glasleisten, Frontleisten mit Falz vom Holzhändler

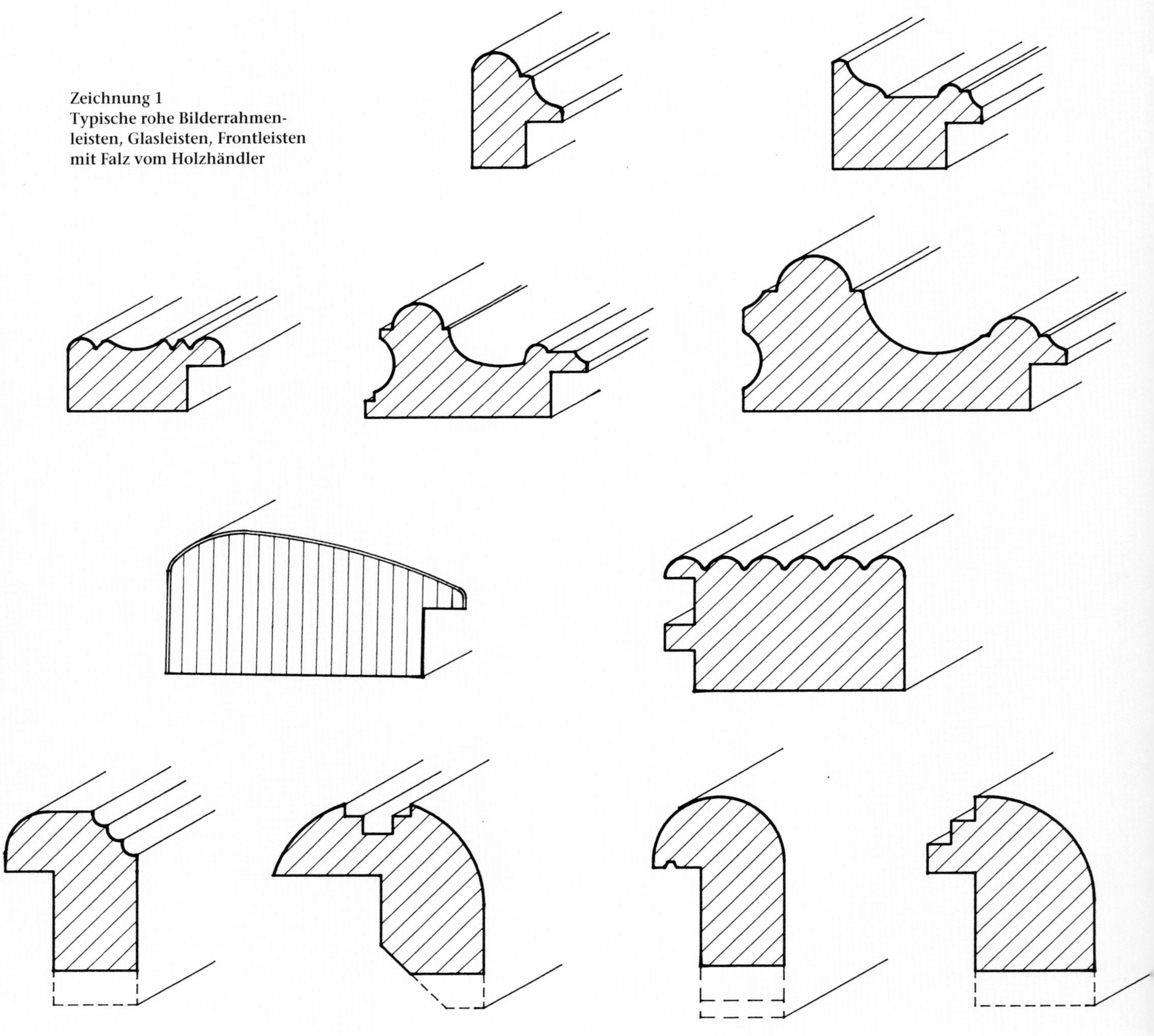

Leistenquerschnitte

Die auf der Zeichnung zu sehenden Bilderrahmenleisten mit Falz stellen eine typische Auswahl der zur Zeit in Baumärkten, Bastlergeschäften und Holzgroßhandlungen angebotenen Profile dar. Natürlich gibt es aber regionale Unterschiede in Stil und Profilmuster.

Aufsatzleisten, Verkleidungsleisten
Sollten die Leisten mit Falz nicht ganz Ihre Gestaltungsvorstellungen abdecken, vergrößert sich das Möglichkeitspotential durch die Kombination von Aufsatzleisten mit einfachen Bauleisten erheblich. Mit etwas Geschick und Kombinationsgabe lassen sich auch die ausgefallensten Vorstellungen verwirklichen.
Natürlich variieren die Profile auch hier wieder je nach geographischer Herkunft; unter der Bezeichnung Aufsatzleisten oder Verkleidungsleisten gibt es jedoch viele ähnliche Profilarten, deren Gemeinsamkeit darin besteht, daß sie keinen Falz haben, um das Bild aufnehmen zu können, sondern über eine gerade abschließende Leistenunterseite verfügen.
Für die Praxis bedeutet das, daß etwa durch Anleimen einer in den Proportionen dazu passenden Rechteckleiste ein Falz hergestellt werden muß bzw. daß diese Leistenart, was ihrem eigentlichen Zweck entspricht, auf andere Leisten „aufgesetzt" wird. Dazu gibt es im Kapitel „Konstruktion" ab Seite 24 einige Vorschläge.

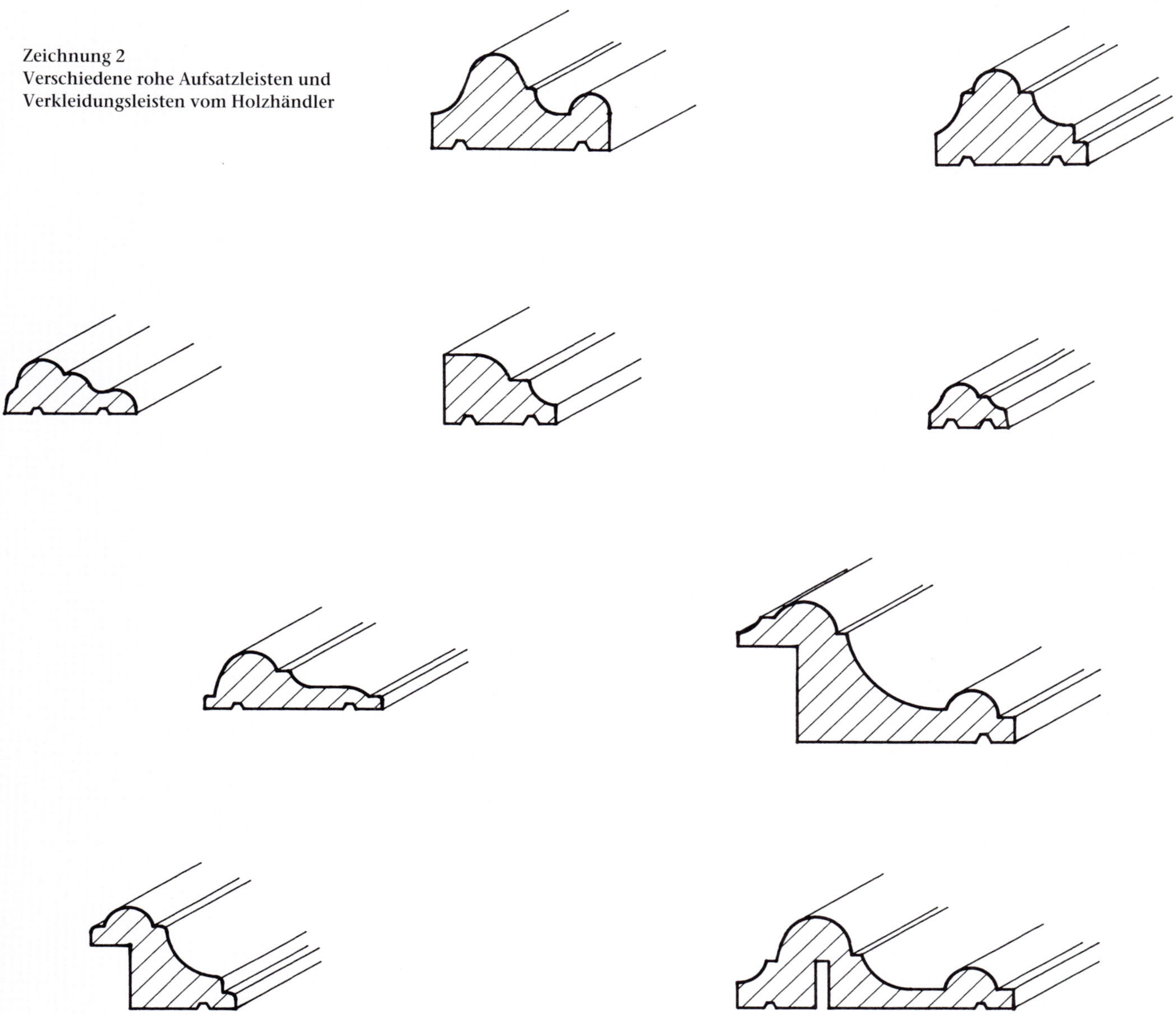

Zeichnung 2
Verschiedene rohe Aufsatzleisten und Verkleidungsleisten vom Holzhändler

Die genannten Leistenarten sind meistens roh, das heißt fein gehobelt und geschliffen, mit beiz- oder grundierfähiger Oberfläche erhältlich. Im Holzgroßhandel gibt es diese Profile auch in verschiedenen Standardbeiztönen bzw. kann man Sonderbeiztöne anhand eines Musters bestellen. Dieser Aufwand zahlt sich aber sicher erst bei Abnahme größerer Laufmetermengen aus und engt die Rahmengestaltungsmöglichkeiten wiederum erheblich ein.

Die gängigsten Holzarten sind:
Eiche (= amerikanische Weißeiche),
Esche (= amerikanische Esche),
Kirsch (= amerikanische Kirsche),
Fichte (= Fichte, Tanne, Weißholz),
Ahorn (= amerikanischer Ahorn).

Gegen Aufpreis sind auch andere Holzarten wie Erle, Birke oder europäische Kirsche erhältlich. Diese sind aber durchaus als Liebhaberstücke zu bezeichnen und mit Bestellzeiten verbunden.

Es ist empfehlenswert, mit einer ungefähren Vorstellung zum Holzhändler zu gehen und sich durch das Herumstöbern im Leistenlager inspirieren zu lassen, wobei Sie die Kombinationsmöglichkeiten von Bauleisten mit Aufsatzleisten keinesfalls außer acht lassen dürfen! Für den Einsteiger in den Rahmenbau ist es meistens wesentlich einfacher, statt mit einer abstrakten Bildtafel, mit den Leisten in der Hand die Harmonie von fertigem Rahmen und Bild abzuschätzen.

Rechteck-, Vierkant-, Dreikant- und andere Leisten
In Baumärkten sind gelegentlich auch Zwischengrößen erhältlich.
Sie sehen, die Auswahlmöglichkeiten sind riesig (siehe Tabelle).

So erhalten Sie Ihren „Rahmen nach Maß"
In der Rahmenhandlung wählen Sie unter vielen Musterecken „Ihre" Leiste aus. Die Rahmengröße kann jedem Bildmaß angepaßt werden. Trotzdem bewegen sich die Möglichkeiten der Oberflächengestaltung in vorgegebenen Grenzen. Ihre Kreativität ist stark beschränkt, und leider übersteigen die Kosten der Rahmung oft den Wert des Bildes sowie Ihre Vorstellungen erheblich.
Eine andere Möglichkeit ist, rohe Bilderrahmenleisten vom Holzgroßhändler oder Baumarkt zu beziehen. Sie kosten nur einen Bruchteil und lassen Ihren Ideen bei der Oberflächengestaltung freien Lauf.
Falls Sie auch in die Form des Leistenprofils eingreifen wollen, können Sie solche Leisten mit einer Oberflächenfräse umarbeiten, durch Kombination verschiedener Bau- und Verkleidungsleisten kostengünstig eigene Kreationen anfertigen oder den Tischler beauftragen.
Damit Sie Ihre Freiheiten auch wirklich optimal nutzen und die nötige Sicherheit zum Treffen der Auswahlentscheidungen erlangen können, lesen Sie die Ratschläge der nächsten Kapitel.

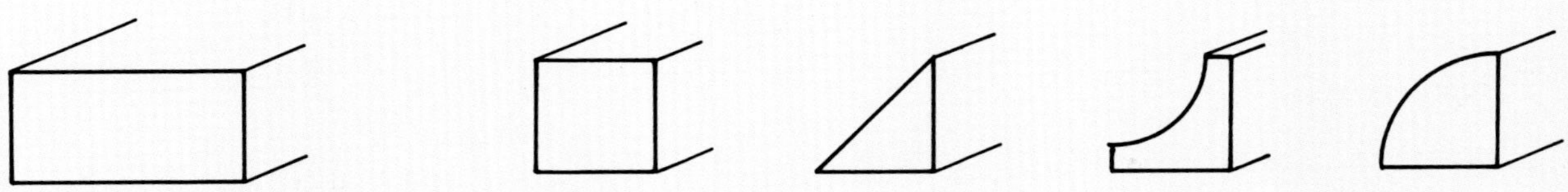

Rechteckleisten	**Vierkantleisten**	**Dreikantleisten**	**Hohlkehlleisten**	**Viertelrundleisten**
10 x 5,10,15,20,25,30,40	5 x 5	8 x 8	10 x 10	6 x 6
15 x 5,10,15,20,25,30,40	8 x 8	10 x 10	15 x 15	8 x 8
20 x 5,10,15,20,25,30,40	10 x 10	15 x 15	20 x 20	10 x 10
25 x 5,10,15,20,25,30,40	12 x 12	20 x 20	25 x 25	12 x 12
30 x 5,10,15,20,25,30,40	15 x 15	25 x 25	30 x 30	15 x 15
35 x 5,10,15,20,25,30,40	20 x 20	30 x 30	35 x 35	20 x 20
40 x 5,10,15,20,25,30,40	25 x 25	35 x 35	40 x 40	25 x 25
45 x 5,10,15,20,25,30,40	30 x 30	40 x 40	45 x 45	30 x 30
50 x 5,10,15,20,25,30,40	35 x 35	45 x 45	50 x 50	35 x 35
60 x 5,10,15,20,25,30,40	40 x 40	50 x 50		40 x 40
70 x 5,10,15,20,25,30,40	45 x 45	60 x 60		45 x 45
80 x 5,10,15,20,25,30,40	50 x 50			50 x 50
90 x 5,10,15,20,25,30,40	60 x 60			
100 x 5,10,15,20,25,30,40				
110 x 5,10,15,20,25,30,40				
120 x 5,10,15,20,25,30,40				
150 x 5,10,15,20,25,30,40				
200 x 5,10,15,20,25,30,40				

alle Maße in mm

Hartholz – Weichholz – Tropenholz?

Vorerst werden die Begriffe Hartholz und Weichholz unterschieden. Als weiche Holzarten gelten prinzipiell sämtliche Nadelhölzer, und zu den Hartholzsorten gehören die Laubbaumarten. Diese Unterscheidung ist einigermaßen verwirrend, da es sehr wohl vorkommen kann, daß eine sogenannte Hartholzart tatsächlich weicher ist als eine Weichholzart. Im allgemeinen wird von weichen und harten Hölzern gesprochen. Man geht dabei vom tatsächlichen Härtegrad des Holzes aus: Für den Rahmenbau ist abgesehen von der geplanten Oberflächenbearbeitung und dem finanziellen Aufwand die Verwendung fast aller Hölzer möglich.
Das nächste Unterscheidungsmerkmal ist die Art der Trocknung. Während der Baum nicht gleich durch das Fällen „stirbt“, sondern vielmehr langsam durch die anschließende Trocknung, so „lebt“ das Holz auch noch im bereits be- oder verarbeiteten Zustand weiter. Die natürliche Trocknung erfolgt über viele Monate, wenn das in Bretter geschnittene Holz luftig aufgestapelt liegt. Bei der künstlichen Trocknung wird der Feuchtigkeitsgehalt des Holzes in Trockenkammern rasch auf zehn Prozent reduziert. Da sich Holz jedoch immer der Umgebungsluftfeuchtigkeit anpaßt, wird Holz als „lebender“ Werkstoff bezeichnet und sollte vor der Verarbeitung eine Anpassungszeit von einigen Tagen zugebilligt bekommen, um unangenehmen Überraschungen vorzubeugen (siehe Seite 22).
Außerdem gibt es jede Holzsorte in verschiedenen Güteklassen, die durch Kriterien wie Anzahl und Halt der Astlöcher sowie Verwindung bestimmt werden und sich dementsprechend im Preis auswirken.
Leisten gibt es aus vielen europäischen und nordamerikanischen Holzarten, während fertige Rahmen aus der Rahmenhandlung zu einem hohen Prozentsatz aus Tropenhölzern angefertigt werden. Offensichtlich ist es immer noch wesentlich billiger, diese Hölzer quer über den Erdball zu transportieren, statt langsam gewachsene Hölzer aus nordeuropäischen Ländern zu verwenden, die (vor allem bei breiteren Profilen) sorgfältigere und umfangreichere Behandlung benötigen, um den Qualitätsanforderungen zu entsprechen. Durch Beachtung der in diesem Buch angeführten Richtlinien können Sie getrost auf die Verwendung von Tropenhölzern verzichten. Bei den einzelnen Arbeiten ist unter dem Stichwort „Material“ die jeweils geeignete Holzart (Mindestanforderung) angeführt. Über die besonderen Eigenschaften mancher „einheimischer“ Hölzer berät Sie sicherlich gerne Ihr Holzhändler.

Halbrund-leisten **Sockel-leisten**

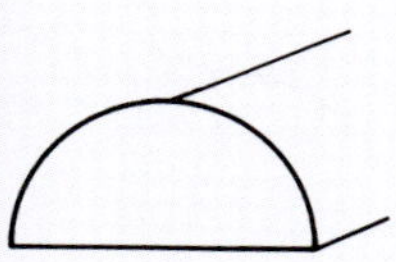

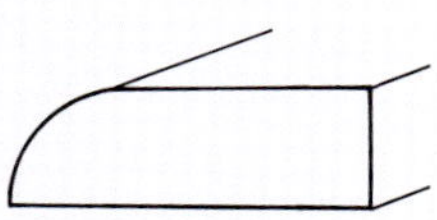

Halbrundleisten	Sockelleisten
8	10 x 40
10	10 x 50
12	10 x 60
15	10 x 70
20	10 x 80
25	10 x 100
30	15 x 40
35	15 x 50
40	15 x 60
45	15 x 70
50	15 x 80
	15 x 100
	20 x 40
	20 x 50
	20 x 60
	20 x 70
Ø in mm	20 x 80
	20 x 100

Leistenkauf – Vertrauenssache?

Kaufen Sie Leisten nicht zu kurz und nicht zu lang. Besonders für die Anfertigung größerer Rahmen gelingt es, mit langen Leisten den Verschnitt so gering wie möglich zu halten. Hingegen sind sehr lange Leisten beim Zuschneiden oft zu unhandlich oder bereiten Transport- und Aufbewahrungsprobleme. (Wie groß ist Ihre Werkstatt?)
Leisten sollen möglichst astfrei und gerade sein. (Kontrollblick mit einem Auge in Längsrichtung dicht über der Leiste!)
Achten Sie darauf, daß Profil und Kanten unbeschädigt sind. (Verschnitt!)
Nehmen Sie keine Leisten mit harzigen Stellen. Meistens kommt nach dem Säubern immer wieder neues Harz nach und ruiniert Ihren Rahmen.
Achten Sie auf Wurmlöcher und Fraßgänge von Holzkäfern! Diese Gäste verunstalten selbst Ihren fertigen Rahmen oft noch nach Monaten!
Die Leisten sollten nur aus gut abgelagertem Holz gefertigt sein. Schlecht gelagerte oder nicht richtig getrocknete Leisten haben oft kleine, schwarze, unregelmäßige Schimmelflecken, die sich im Lauf der Zeit unaufhaltsam ausbreiten.
Leisten sind in der Regel aus künstlich getrocknetem Holz angefertigt. Bis zum Verkauf lagern sie oft monatelang in halboffenen Lagerhallen, wo sie aus der Luft Feuchtigkeit aufnehmen. Geben Sie diesem Holz vor der weiteren Bearbeitung wenigstens eine Woche Zeit, sich an normale Raumbedingungen anzupassen.
In der Zeichnung auf Seite 22 ist deutlich zu erkennen, was passiert, wenn eine zu feuchte Holzleiste verarbeitet wird: Nach der Fertigstellung des Rahmens paßt sich die Leiste allmählich dem Raumklima an und verliert an Feuchtigkeit. So entstehen auf der gesamten Oberfläche feine Risse und

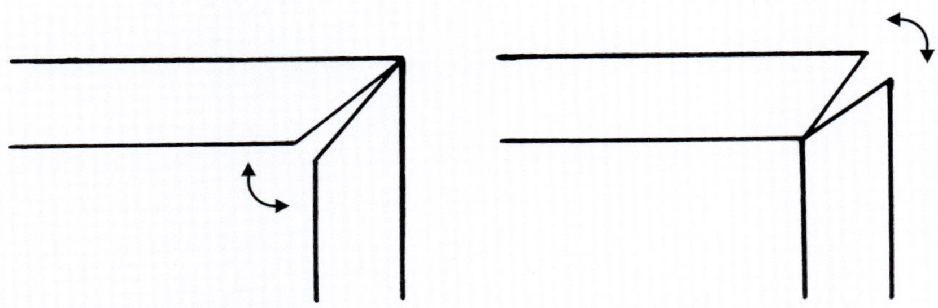

Zeichnung 3
Holz „arbeitet" immer. Falls Rohleisten nicht entsprechende Trocknung erfahren haben, führt die langsame Anpassung des fertigen Rahmens an die Umgebungsfeuchtigkeit zu irreparablen Schäden.

Sprünge. Besonders kraß zeigen sich die Folgen jedoch in den Gehrungen. Die Gesamtlänge der Leiste ist unveränderlich, das Holz kann sich nur in der Breite zusammenziehen. Dadurch klaffen an den Innenseiten die Gehrungsschnitte unschön auseinander.

In der rechten Zeichnung sieht man, was passiert, wenn übertrocknetes Holz verarbeitet wird. (Dies kommt bei Bilderrahmen eigentlich selten vor, da die Luftfeuchtigkeit in modernen Wohnungen meistens sehr niedrig ist.) Die Leiste nimmt Feuchtigkeit aus der Umgebung auf, wird etwas breiter und reißt dadurch an den Gehrungsaußenkanten auf. Holz ist als „lebender Werkstoff" immer gewissen Dehnungsprozessen unterworfen, die unvermeidlich sind und in üblichen Ausmaßen keine Qualitätsminderung darstellen, sondern ein typisches Zeichen für diesen Werkstoff sind.

Kriterien zur Leistenauswahl

Es zahlt sich aus, sich Gedanken über die Leistenwahl zu machen, gibt es doch eine unendliche Vielfalt von Dingen, die durch die Rahmung – vor Staub und schädlichen Umwelteinflüssen geschützt – lange Freude bereiten können: Drucke, Radierungen, Fotos, Aquarelle, Lithographien, Briefmarken, Urkunden, kleine Objekte wie Münzen oder Insekten etc. Grundsätzlich unterliegt die Auswahl eines Bilderrahmens genauso dem Geschmack und der Mode wie das Bild selbst. Was den einen begeistert, bereitet dem anderen schlaflose Nächte. Es wird also nicht zuletzt vom Besitzer des Bildes abhängen, was man sich anzufertigen wagt. Ich persönlich verwirkliche genau meine Ideen, auch wenn sie irgendwelchen Richtlinien widersprechen. Bei Auftragsarbeiten kann man das nur nach Absprache oder Vorlage eines Entwurfes machen, wobei ich mit letztgenannter Vorgehensweise die besten Erfahrungen gemacht habe. Es gibt sehr viele Kunstfreunde, die sich von den Rahmengestaltungsarten der letzten Jahrzehnte loslösen wollen und bereit sind, das Bild mit dem Rahmen als Gesamtwerk zu betrachten.

Eine weitere Gruppe stellen all jene dar, die exakte, althergebrachte Vorstellungsweisen beibehalten wollen, und schließlich gibt es Leute, die ein Bild nur in irgendeinen Rahmen stecken, damit es nicht zerknittert. Sie sehen also, so eine Vielfalt von Meinungen ist nicht einfach unter einen Hut zu bringen. Es gibt jedoch einige Richtlinien. Entscheiden Sie selbst, welche Sie annehmen wollen und was Ihnen nicht gefällt.

Ölbilder

Ölbilder werden um die Wirkung der erhabenen Pinselstriche auf der Leinwand nicht zu mindern, grundsätzlich ohne Glas gerahmt. Meistens werden dafür breite, stark strukturierte Leisten genommen, um eine gewisse Tiefenwirkung zu erzielen. Da also kein Glas verwendet wird, kann auch die Wirkungsweise eines Passepartouts nicht zur Anwendung kommen. Um trotzdem einen harmonischen Übergang zwischen Ölbild und Rahmen zu erzielen, greift man bei konventionellen Ölbildern gerne zu einer anderen Möglichkeit – dem Einsatzrahmen. Hierfür wird ein Rahmen aus einer einfachen Rechteckleiste, meist mit Stoff oder Gold überzogen, in den Rahmen eingesetzt. (Daß es auch andere Lösungen gibt, sehen Sie am Beispiel „Markt in der Karibik", Seite 62/63.)

Bilder aus bestimmten Epochen

Bei alten Bildern, die für eine Epoche charakteristisch sind, empfiehlt es sich, ein für diese Zeit typisches Leistenprofil auszuwählen.

Moderne Kunst

Moderne, abstrakte Bilder verlangen nach modernen Rahmenprofilen. Ob diese jetzt sehr schmal oder breit sein sollen, richtet sich im wesentlichen nach dem Bild und Ihrem Geschmack. Auf alle Fälle empfehle ich Ihnen, eher glatte, nicht allzu aufwendig profilierte Leisten zu verwenden. Besonders Drucke und moderne Malerei bieten ein weites Betätigungsfeld für Rahmendesigner, da man hier am ehesten bereit ist, mit althergebrachten Traditionen zu brechen und sich dem heutigen Geschmack zu beugen. Alles an Farben und Formen (warum muß ein Rahmen viereckig sein?) ist erlaubt, solange das Ergebnis zum Bild paßt und dem Geschmack des Besitzers entspricht.

Aquarelle und Grafiken

Aquarelle und Grafiken werden hinter Glas gerahmt. Meistens wird dafür Standardglas verwendet, in manchen Fällen ist jedoch die Verwendung von entspiegeltem Glas angebrachter. Wählen Sie aber die teure „Galeriequalität" (siehe „Glassorten", Seite 87). Um das Bild zu schützen (zum Beispiel vor Schimmel) und um einen sanften, harmonischen Übergang zwischen Bild und Rahmen zu erhalten, ist die Verwendung eines säurefreien Passepartouts unumgänglich. Für Schwarzweißgrafiken werden meist weiße, graue oder gelegentlich auch schwarze Passepartouts verwendet, bei farbigen Druckgrafiken bzw. colorierten Radierungen sind natürlich auch verschiedenfarbige Passepartouts und bunte Leisten möglich. Dunklen Radierungen kann – falls dies dem Geschmack und Stil des Besitzers entspricht – durch den metallischen Glanz vergoldeter oder versilberter Rahmen eine gewisse Eleganz verliehen werden.

Motive auf dem Rahmen

In den letzten Jahren ist es in Mode gekommen, Rahmen mit Motivteilen des Bildes zu bemalen, ja gelegentlich setzt sich das Bild auch in das Passepartout hinein fort. Ich empfinde diese Rahmungsart durchaus als Bereicherung, nur sollte man nicht übersehen, daß eine der Aufgaben eines Rahmens auch jene ist, das Bild „einzurahmen", also das Bild von der Wand abzugrenzen. Daß für diese Fälle Rahmen mit eher glatten, modernen Profilen zu bevorzugen sind, ergibt sich aus der Gestaltungsweise.

Berechnung des Materialverbrauches

Berechnen Sie den Umfang Ihres Bildes (bzw. Passepartouts) folgendermaßen:

Umfang =
2 mal Bildlänge + 2 mal Bildbreite.
Nehmen Sie die Leistenbreite mal 8, und addieren Sie das Produkt zum Umfang sowie eine Zugabe von mindestens 10 cm.

Beispiel:
Passepartoutgröße 40 mal 50 cm,
Leistenbreite: 5 cm
2 mal 40 = 80 cm plus 2 mal 50
= 100 cm (für den Umfang)
plus 8 mal die Breite: 8 mal 5 = 40 cm
plus Zugabe = 10 cm
Materialeinkauf mindestens: 230 cm.

Bitte bedenken Sie beim Leistenkauf, daß der jetzt ermittelte Wert ein Idealmaß darstellt. Ob Sie mit der Zugabe von 10 cm auskommen, hängt nicht zuletzt von der Qualität der Leisten ab (siehe „Leistenkauf", Seite 21). Je nach Leistentyp gibt es verschiedene Standardlängen. Runden Sie den berechneten Wert auf die nächstpassende Länge auf, und verwenden Sie die Reststücke zum Ausprobieren der Oberflächenbehandlung.

Zeichnung 4 Berechnung des Materialverbrauches

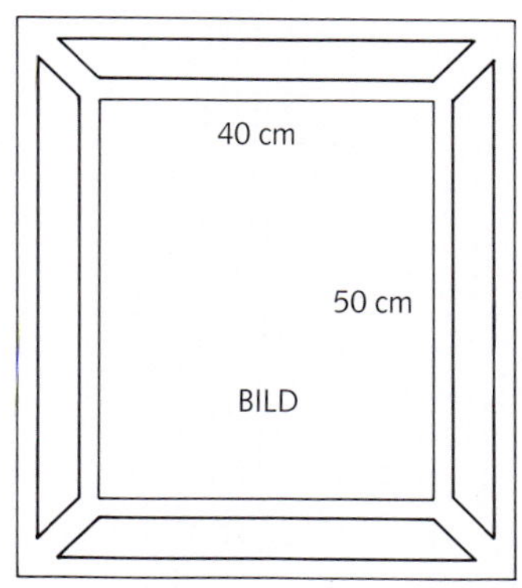

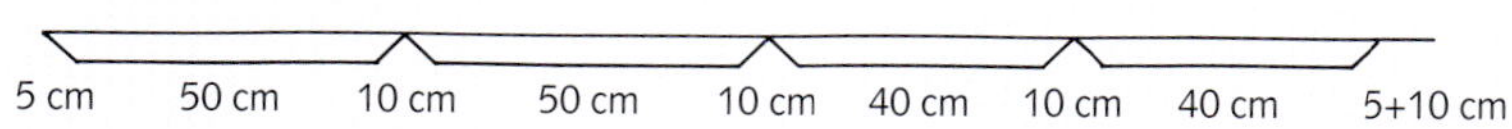

Konstruktion

Vor dem Arbeitsbeginn noch einige Ratschläge, die Ihnen die folgenden Arbeitsvorgänge erleichtern:

▶ Jede Ungenauigkeit addiert sich – bis zuletzt der fertige Rahmen um einen halben Zentimeter zu groß oder zu klein geraten ist. Daher verwenden Sie immer einen gut gespitzten Bleistift und halten das Lineal genau an.

▶ Das saubere Zuschneiden von Leisten ist keine Kunst, sondern vielmehr eine Sache der Übung und des passenden Werkzeuges. Haben Sie die Leistenlänge für Ihren ersten Rahmen etwas großzügiger berechnet, rate ich Ihnen zu einigen Probeschnitten. Dazu noch ein paar Tips: Sehr lange Leisten sind nicht nur unhandlich, sie lassen sich vor allem von Ungeübten kaum in der Säge bändigen. Sie beginnen während des Zuschneidens gerne zu schaukeln, und wenn man sie fast durchtrennt hat, brechen sie vorzeitig ab und zersplittern. Ich schneide daher lange Leisten zuerst einmal in der Mitte (gleich mit einem Gehrungsschnitt in die entsprechende Richtung) durch.

▶ Beachten Sie beim Zuschneiden der Gehrung, daß die Genauigkeit des 45°-Winkels nicht nur von der Qualität Ihrer Säge abhängt. Die Auflagefläche Ihrer Säge sollte immer frei von abgeschnittenen oder ausgebrochenen Leistenstücken sein (etwas Sägemehl macht nichts), damit Sie die Leiste wirklich fest andrücken können. Manche Modelle verfügen über eine spezielle Vorrichtung, um die Leiste in der gewünschten Position zu fixieren.

▶ Legen Sie die zu schneidenden Leisten so weit wie möglich mit der Frontseite nach oben in die Säge – Außenkante Richtung Anschlag. Falls es durch das Schneiden zu kleinen Beschädigungen kommt, sind diese auf der Unterseite nicht zu sehen.

▶ Ausgebrochene Ecken oder ungenaue Gehrungen müssen nach dem Verleimen mit (farblich passender) Holzpaste ausgebessert werden.

▶ Liegt die Leiste aufgrund ihres Profils schief am Boden der Säge, müssen unbedingt so viele Kartonstreifen oder Leistenreste beigelegt werden, bis diese waagerecht aufliegt, da sonst die Gehrungsschnitte später beim Verleimen nicht zusammenpassen würden.

Rahmen aus Rechteckleisten – Berechnung und Varianten

Geplante Arbeit
Rechteckleistenrahmen für Bild- bzw. Passepartoutgröße 25 mal 30 cm mit aufgeleimtem Falz

Werkzeug
Gehrungslade oder Gehrungssäge, Rahmenspanner oder Eckzwinge(n), Hammer, Nagelversenker, Maßband, Bleistift, Pinsel, kleine Zwingen, Zange

Material
Fichtenleiste, 13 mal 40 mm Rechteckprofil, maximal 160 cm lang (je nach Arbeitsvariante); Fichtenleiste, 10 mal 30 mm Rechteckprofil, ca. 160 cm lang; Leistenstifte, 50 und 25 mm lang; Leim, Zeitungspapier, feuchter Putzlappen, Rechteckleistenreste, Schleifpapier mit Körnung 180

Anleitung
Diese Grundform des Rechteckrahmens besteht aus zwei zusammengeleimten, rechteckigen Rahmen.
Die breite Leiste (in der Zeichnung Nr. 1) wird die Ansichtsseite des Rahmens, die schmale Leiste (in der Zeichnung Nr. 2) bildet den Falz (Variante A).
Sie können für die Ansichtsseite natürlich auch eine profilierte Aufsatzleiste (in der Zeichnung Nr. 3) verwenden und mit der Rechteckfalzleiste (in der Zeichnung Nr. 4) kombinieren (Variante B).
Bei der Auswahl der Leisten wurde sowohl bei der Leistenkombination Nr. 1 und 2 als auch bei Nr. 3 und 4 bedacht, daß sich für fertige Rahmen

Bild 8 Die Außenkanten des Falzrahmens sollen exakt mit der Länge der Außenkanten des Ansichtsrahmens übereinstimmen. Bildbreite 25 cm + 0,2 cm (Zugabe) + 6 cm (= 2 mal Leistenbreite Nr. 2) = Länge Außenkante für den Ansichtsrahmen von 31,2 cm. Vergleichen Sie mit dem Naturmaß!

prinzipiell eine Falzbreite von mindestens 5 mm ergeben sollte.
Eine weitere Variante (Variante C) ergibt sich aus der Möglichkeit, die Falzleiste im 90°-Winkel, statt in Gehrung zuzuschneiden. Dieser Winkel ist etwas einfacher zu schneiden (abhängig von der Sägeart, die Ihnen zur Verfügung steht) und hat eine größere Stabilität, ist jedoch nur bei Rahmen möglich, bei denen diese Stoßverbindung von der Außenseite her nicht zu sehen ist (z. B. bezogener Einsatzrahmen) oder gerade erwünscht ist.
Als andere Möglichkeit bleibt es noch Ihnen überlassen, ob Sie jeden Rahmen extra anfertigen und dann zusammenleimen oder lieber zuerst die Profil- mit der Falzleiste zusammenleimen wollen, um danach erst den Rahmen zuzuschneiden (Variante D). Soweit es die Profile zulassen, bevorzuge ich die letztgenannte Methode, da durch den gemeinsamen Zuschnitt beider Leisten ein rationelleres und genaueres Arbeiten möglich ist.
Alle Rahmen, speziell aber Modelle, deren Profil durch Kombination verschiedener aneinander geleimter Leisten gebildet wird, müssen nach erfolgter Montage gründlich beschliffen werden; besonders die Außenkanten sollen eine Einheit bilden.

Bild 9 Um die jeweils zusammenpassenden Leisten möglichst identisch anzufertigen, legen Sie entweder die erste Leiste auf die zweite und übertragen das Naturmaß, oder Sie legen gleich beide Leisten übereinander in Ihre Gehrungssäge (fest an die senkrechte Rückwand drücken), richten das Sägeblatt an der fertigen Leiste genau ein und schneiden mit dieser Einstellung die zweite Leiste zu. Bei Gehrungssägen mit Längenanschlag kann die zweite Leiste mit gleichbleibender Einstellung zugeschnitten werden.

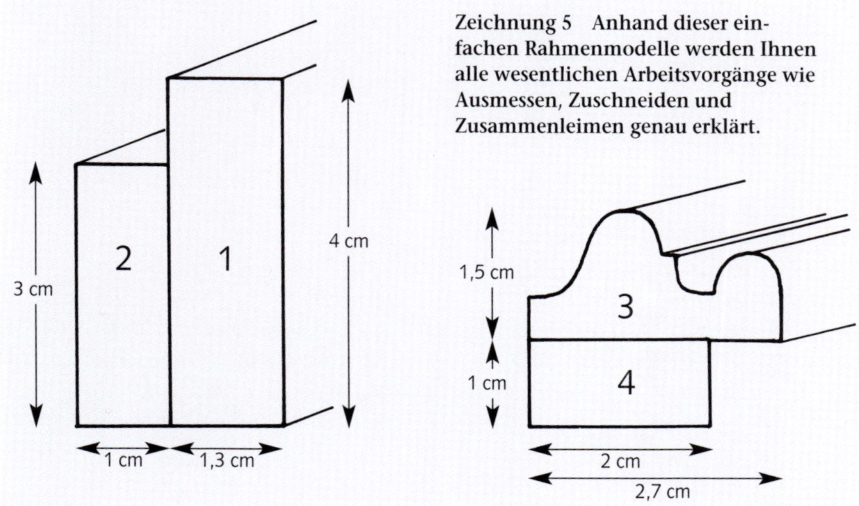

Zeichnung 5 Anhand dieser einfachen Rahmenmodelle werden Ihnen alle wesentlichen Arbeitsvorgänge wie Ausmessen, Zuschneiden und Zusammenleimen genau erklärt.

Variante A
Schneiden Sie die Leiste Nr. 2 an einem Ende in Gehrung (45°). Die Markierung an der Leisteninnenseite für den zweiten Schnitt ergibt sich aus der Bildbreite von 25 cm (eventuell plus 0,2 cm Zugabe). Halten Sie die Leiste an das Bild, um Naturmaß zu nehmen.
Markieren Sie die Leiste an der zum Bild gewandten Seite, also bei 25,2 cm, und beachten Sie, daß dieser Schnitt gegengleich zum ersten laufen muß. Die erste Leiste dient als Maß für die zweite. Bei Verwendung von glatten, profillosen Rechteckleisten wie in diesem Beispiel ist ein neuerlicher Gehrungsschnitt am Beginn der nächsten Leiste nicht nötig. Drehen Sie die Leiste für den neuerlichen Zuschnitt einfach um (Rückseite nach vorne). (Bild 9)
Nun folgen die beiden längeren Leisten: Bei einer Bildhöhe von 30 cm und der nötigen Zugabe von 0,2 cm markieren Sie also 30,2 cm auf der zum Bild gewandten Leistenseite und schneiden dort möglichst genau im 45°-Winkel zu.
Diese Leiste dient als Maß für die vierte Leiste. Gehen Sie wie beim Zuschnitt der zweiten Leiste vor. Sie haben jetzt vier Leisten, um den „Falzrahmen" zu bilden.
Schneiden Sie nun die vier Teile für den „Ansichtsrahmen" in Gehrung zu. Gehen Sie beim Messen und Zuschneiden wie beim Falzrahmen vor. Verwenden Sie die erste Leiste als Maß für die zweite. (Bild 8)
Die beiden restlichen Leistenlängen berechnen Sie folgendermaßen: Bildhöhe = 30 cm + 0,2 cm (Zugabe) + 6 cm (= 2mal Leistenbreite Nr. 2). Wenn Sie beim Falzrahmen genau gearbeitet haben, müßten Sie auf 36,2 cm kommen.
Legen Sie die passenden Leisten übereinander, um Übertragungsfehler zu minimieren. Da Sie für die Ansichtsrahmenleiste wieder eine profillose Rechteckleiste verwenden, können Sie wie bei der Falzrahmenleiste alle Gehrungsschnitte verschnittlos aneinanderreihen.

Variante B
Wenn Sie für die Herstellung des Profilrahmens keine glatte Rechteckleiste verwenden wollen oder können (in diesem Beispiel habe ich eine 2,7 cm breite Aufsatzleiste, = Nr. 3, genommen), so übersehen Sie bitte nicht den wesentlichen Unterschied zur unprofilierten Rechteckleiste: Bei einer glatten Rechteckleiste stellt der zweite Schnitt am ersten Rahmenteil zugleich den ersten Schnitt für den zweiten Rahmenteil dar, der später – Rückseite wird Vorderseite – an den ersten Rahmenteil geleimt wird. Die Rückseite der zweiten (und vierten) Leiste wird also zur Sichtseite des Rahmens. Bei einem Profilrahmen dagegen müssen alle vier Rahmenteile je zweimal in Gehrung gesägt werden, da man diese Teile nicht umdrehen kann. Sichtseite der Leiste bleibt später auch Sichtseite des Rahmens. (Bild 10)
Der Zuschnitt für die Anfertigung des Falzrahmens ist exakt aus Variante A zu übernehmen. Die Außenmaße des Falzrahmens betragen in diesem Fall jedoch 29,2 cm mal 34,2 cm.
Da die Außenkanten des Falzrahmens genau mit der Länge der Außenkanten

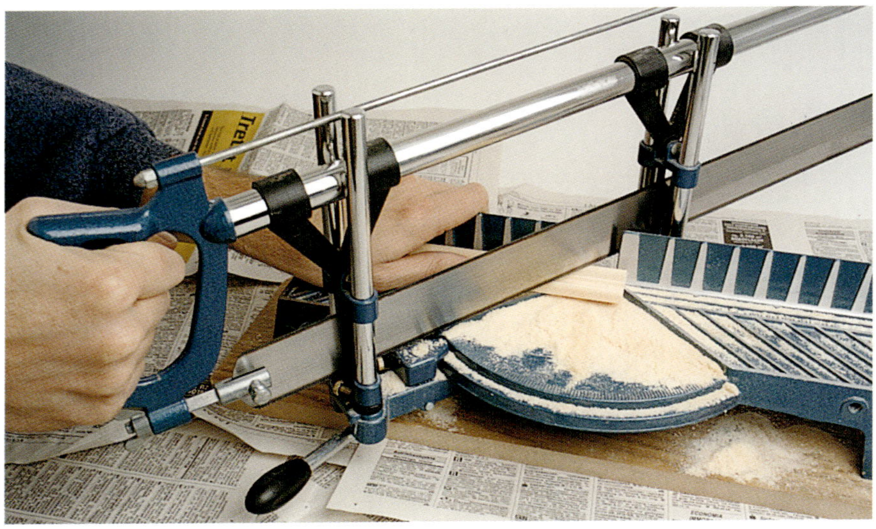

Bild 10 Für die Anfertigung des Profilrahmens schneiden Sie zunächst ein Ende der Leiste in Gehrung. Achten Sie dabei besonders darauf, daß das Gehrungsprofil richtig in der Gehrungssäge zu liegen kommt. Die zur Bildmitte gekehrte Seite, an der später der Falz entstehen soll (meistens die niedrigere Profilseite), ist auch jene Seite, die immer die kürzere bei jedem Gehrungsschnitt sein muß.

Bild 11 Beim Zuschnitt der dritten Leiste des Ansichtsrahmens achten Sie auf die richtige Lage der Leiste in der Gehrungssäge (die zur Bildmitte gewandte Profilseite muß beim Zuschnitt immer die kürzere Seite bilden).

Bild 12 Sie haben nun jeweils vier Ansichtsleisten und vier Falzleisten.

des Ansichtsrahmens übereinstimmen müssen, markieren Sie an der Ansichtsrahmenaußenseite bei 29,2 cm. Schneiden Sie dort, wie besprochen, mit einem 45°-Gehrungsschnitt in die entsprechende Richtung. Legen Sie die Gehrungssäge in die andere Richtung um, um nochmals einen 45°-Schnitt durchzuführen. Legen Sie die Leiste dafür zwar knapp, aber nicht zu kurz in die Säge ein, damit kein Stück an der Ecke fehlt und achten Sie darauf, daß die Leiste auch wirklich sicher am Sägeboden aufliegt.
Übertragen Sie die Länge der fertigen Leiste möglichst genau auf das zweite Leistenstück. (Bild 11)
Nach dem ersten Schnitt bei der dritten Leiste markieren Sie an der Außenseite des Profils den Punkt für den zweiten Schnitt. Bildhöhe = 30 cm + 0,2 cm (Zugabe) + 4 cm (= 2 mal Leistenbreite Nr. 4) = Länge Außenkante Ansichtsrahmen von 34,2 cm. Nach erfolgtem Zuschnitt der dritten Leiste wird die vierte Leiste in gewohnter Weise vorbereitet (neuerlicher Gehrungsschnitt), das Maß übertragen und die letzte Leiste zugeschnitten. (Bild 12)

Variante C
Wie bereits erwähnt, liegt der Vorteil dieser Variante darin, daß im 90°-Winkel zugeschnittene Leisten haltbarere Verbindungen darstellen, vor allem dann, wenn man keine entsprechende Fräse hat, um eine zusätzliche Eckversteifung einzufräsen. Außerdem ist der Materialverbrauch etwas geringer, da die Falzrahmenleisten praktisch ohne Verschnitt zugeschnitten werden können. Der wesentliche Nachteil ist, daß diese Verbindungen im Normalfall wenig attraktiv sind und daher für Ansichtsfronten kaum verwendet werden, es sei denn, der entstehende optische Effekt ist aus Gestaltungsgründen extra erwünscht. Hier wird diese Methode nur für den Zuschnitt des Falzrahmens angewendet.
Vergewissern Sie sich, daß die Leiste Nr. 2 an einem Ende sauber abgeschnitten ist (90°). Der zweite Schnitt ergibt sich aus der Bildbreite von 25 cm zuzüglich 0,2 cm Zugabe. Markieren Sie die Leiste bei 25,2 cm, und fertigen Sie wiederum einen 90°-Schnitt. Sie haben somit die erste Leiste zugeschnitten, die als Maß für die zweite Leiste verwendet wird. Sägen Sie die zweite Leiste möglichst identisch zu.
Nun folgen die beiden längeren Leisten: Bei einer Bildhöhe von 30 cm, der nötigen Zugabe von 0,2 cm und einer Leistenbreite von 2 mal 3 cm ergibt sich also eine Länge von 36,2 cm.
Durch den vorherigen 90°-Schnitt können Sie an das Leistenende gleich direkt den Zuschnitt für die dritte Leiste anschließen. Diese Leiste dient als Maß für die vierte Leiste. (Bild 13)
Ich empfehle Ihnen, diesen Falzrahmen mit einem in Gehrung geschnittenen Ansichtsrahmen zu kombinieren.

Bild 13 Sie haben jetzt vier Leisten, um den Falzrahmen zu bilden. Sie sehen, wie die einzelnen Leistenteile zusammengefügt werden.

Variante D

Je nach geplanter Oberflächenbehandlung und vorgesehenem Einsatzbereich verwende ich diese Zuschnittsvariante sehr gerne, da mit etwas Geschick und dem passenden Werkzeug die Anfertigung des Rahmens in der halben Zeit möglich ist und noch dazu zu einem ganz exakten Ergebnis führt. Zusätzlich zum verwendeten Werkzeug der vorhergehenden Beispiele werden einige Zwingen oder Klemmzwingen benötigt sowie ein breites Brett und einige Rechteckleistenreste zum Dazwischenklemmen.

Breiten Sie eine gleichmäßige Schicht alter Zeitungen auf Ihren Arbeitstisch aus. Berechnen Sie den ungefähren Leistenverbrauch (Zugabe für Verschnitt nicht vergessen), und überlegen Sie sich, wie die Leisten zum gewünschten Profil zusammengesetzt werden sollen. (Bild 14)

Legen Sie eine Ansichtsleiste mit der schönen Seite nach unten auf den Arbeitstisch. Bestreichen Sie diese in Breite der Falzleiste gleichmäßig, aber nicht zu dick, mit Leim. Legen Sie eine Falzleiste paßgenau darüber, und vernageln Sie die beiden Leisten mit einigen Leistenstiften. Pressen Sie beide Leisten aneinander, und wischen Sie gleich den überschüssigen Leim ab. Klemmen Sie nun die Leisten in den Zwingen fest. Legen Sie zum Schutz der Leisten und zur besseren Druckverteilung Rechteckleistenreste bei. Wischen Sie nachquellenden Leim ab, solange er noch feucht ist. (Bild 15)

Nach etwa 20 Minuten (Herstellervorschriften beachten) ist die Verbindung so stabil, daß Sie die Zwingen entfernen können. Mit einem feuchten Putzlappen wischen Sie nochmals alle Leimreste ab. Danach werden die Leisten mit einem Schleifpapier (Körnung 180) geglättet.

Die verleimten Profilleisten sind zum Zuschnitt, wie in „Variante B“ beschrieben, bereit.

Dieser Rahmen ist mit fertiger Oberflächengestaltung im Kapitel „Marmoriertechnik“, Seite 81, Bild 103, zu sehen.

Bild 14 Es ist ratsam, die beiden mit Leim bestrichenen Leisten an einigen Stellen von der Rückseite her mit Leistenstiften zu verbinden.

Bild 15 Zwischen Klemmzwingen müssen die Leisten mindestens 20 Minuten trocknen. Zur besseren Druckverteilung und Schonung des Leistenprofils wird der Ansichtsrahmenleiste eine Rechteckleiste beigelegt.

Rahmen aus Rechteckleisten – verschiedene Arten der Montage

Im wesentlichen unterscheide ich zwischen drei Arten der Montage, die einzeln durchgeführt oder, um besondere Stabilität zu erreichen, auch miteinander kombiniert werden können:

Verleimung

Geplante Arbeit
Verleimung als Verbindungsmöglichkeit, erläutert am Beispiel „Rahmen aus Rechteckleisten“, Variante B, Seite 26

Werkzeug
Rahmenspanner, Bandspanner oder Eckzwinge(n), Hammer, Nagelversenker, Pinsel

Material
Leistenstifte oder Tapetenleistenstifte, ca. 30 mm lang; Leim, Zeitungspapier, feuchter Putzlappen

Anleitung
Breiten Sie eine gleichmäßige Schicht alter Zeitungen auf Ihrem Arbeitstisch aus. Richten Sie den Spanngurt des Bandspanners auf den ungefähren Umfang des fertigen Rahmens ein, und bestreichen Sie jeweils zwei zusammengehörende Leisten des Falzrahmens gleichmäßig mit Leim. (Beachten Sie bitte die Angaben des Leimherstellers.)
Wiederholen Sie diesen Vorgang für die Herstellung des Ansichtsrahmens. (Bild 16)
Vergewissern Sie sich, daß der Spanngurt frei von angetrockneten Leimresten ist, denn nur so kann eine genaue und saubere Verleimung gewährleistet werden.
Wenn der Leim getrocknet ist, leimen Sie beide Rahmen mit den Vorderseiten nach unten übereinander und überzeugen sich von der Paßgenauigkeit – im allgemeinen sollte eine Falzbreite zwischen 5 und 10 mm zu erkennen sein. (Bild 17)

Bestreichen Sie den schmäleren Falzrahmen (oder den Ansichtsrahmen auf einer nicht zu breiten Bahn) satt mit Leim, fügen Sie die Rahmen zusammen, und verbinden Sie beide von der Rückseite her rundherum mit in der Länge passenden Leistenstiften (leicht schräg einschlagen!). Da die beiden Rahmen auf der Leimschicht anfangs leicht verrutschen, ist diese Arbeit mit Gefühl durchzuführen.
Es hat sich bewährt, zuerst die Ecken miteinander zu fixieren und schließlich jeweils im Abstand von etwa 10 cm einen Stift einzuschlagen und mit dem Nageltreiber zu versenken.

Bild 16 Legen Sie die Leisten in der richtigen Reihenfolge in den Bandspanner. Versuchen Sie, die Gehrungsschnitte möglichst genau einzurichten, und spannen Sie mit der Kurbel vor. Durch Drehen des Handgriffes wird eine maximale Anspannung des Gurtes erreicht.

Bild 17 Falz- und Ansichtsrahmen werden paßgenau aufeinandergefügt.

Verbindungen mit Leistenstiften, Klammern und Flachwinkeln

Leistenstifte – 1. Variante

In 90°-Winkel geschnittene Leisten eignen sich besonders gut für diese einfache Verbindungsmöglichkeit, obwohl sie natürlich auch für herkömmliche 45°-Gehrungsschnitte angewendet werden kann.

Geplante Arbeit
Leistenstifte als Möglichkeit einer Eckverbindung, erläutert am Beispiel „Rahmen aus Rechteckleisten", Variante C, Seite 27, sowie als Verbindung zweier Rahmen miteinander zusätzlich zur Verleimung („Rahmen aus Rechteckleisten", Variante D, Seite 28)

Werkzeug
Winkelspanner oder Eckzwinge, Hammer, Nagelversenker

Material
Tapetenleistenstifte, 32 mm lang; Leim, Zeitungspapier, feuchter Putzlappen, Kartonstreifen, Holzpaste oder Wachskitt

Anleitung
Nehmen Sie die vier Falzleisten zur Hand. Bedenken Sie, mit welchen Maßen die Rechteckleisten zugeschnitten wurden. Die kurzen Schenkel müssen innen liegen und von den langen begrenzt sein – eine andere Reihenfolge würde zu einer falschen Rahmengröße führen! Bei der Arbeit mit der Eckzwinge ist es empfehlenswert, Kartonstreifen als Eckenschutz beizulegen. (Bild 18)
Tragen Sie auf die Stirnseite eines kurzen Leistenschenkels dick Leim auf. Durch Drehen am Handgriff spannen Sie diese Leiste sowie einen der langen Schenkel zwischen die Backen des Winkelspanners. Wischen Sie überquellenden Leim mit einem Lappen weg.
Wenn Sie die Backen des Winkelspanners so fest wie möglich angezogen haben, können Sie bereits den ersten Stift nahe der Außenkante einschlagen. Das letzte Stück des Stiftes drücken Sie mit dem Nagelversenker ein, um die Leiste nicht durch Hammerschläge zu beschädigen. Erlaubt es die Leistenstärke, so sollten Sie als Sicherheit gegen Verdrehen einen zweiten Stift einschlagen. Er sollte etwas näher als der erste in Richtung der Rahmeninnenkante sitzen.
Ist der Leim getrocknet, wiederholen Sie den Vorgang mit den verbliebenen beiden Leisten. (Bild 19)
Mit dem Zusammenleimen der beiden Rahmenhälften und dem Verschließen der Nagellöcher mit Holzpaste oder Wachskitt ist der Falzrahmen fertig.
Das Nageln zusätzlich zur Verleimung von Eckverbindungen ist sowohl bei rechtwinkeligen als auch bei in Gehrung geschnittenen Leisten empfehlenswert. Bei Verleimung mit Hilfe eines Rahmenspanners muß der fertig verleimte Rahmen zuerst aus dem Spanner entfernt werden.

Bild 18 Die beiden Leistenstücke liegen fest in den Backen des Winkelspanners.

Bild 19 Die Leistenstücke werden mit Leistenstiften verbunden.

Leistenstifte – 2. Variante

Geplante Arbeit
Nageln, gezeigt am Beispiel „Rahmen aus Rechteckleisten", Variante D, Seite 28

Werkzeug
Gehrungssäge, Rahmenspanner, kleine Zwingen, Hammer, Nagelversenker, Pinsel, Cutter

Material
Leistenstifte oder Tapetenleistenstifte, ca. 30 mm lang; Leim, Zeitungspapier, feuchter Putzlappen, Kartonstreifen, Holzpaste

Anleitung
Schneiden Sie die in Variante D beschriebene Leiste zu vier mit 45°-Gehrung zugeschnittenen Rahmenleisten (Variante B, Seite 26), und verleimen Sie diese Teile mit Hilfe des Rahmenspanners. Überquellenden Leim wischen Sie mit einem feuchten Putzlappen ab.
Sobald der Leim ausgehärtet ist, nehmen Sie den Rahmenspanner ab und entfernen mit dem Cutter alle angetrockneten Leimreste, speziell im Falz, der später das Glas aufnehmen soll.
Klemmen Sie den Rahmen auf der Arbeitstischplatte fest, wobei Sie die Beilage von Kartonstreifen zum Schutz der Leiste nicht vergessen sollten.
Nun setzen Sie zwei Stifte an das Ende der einen Leiste und einen Stift an das Ende der anderen Leiste. Schlagen Sie die Stifte jedoch nicht vollständig ein, um die Holzoberfläche nicht zu beschädigen.
Das restliche Stiftstück wird jeweils mit dem Nagelversenker gefühlvoll in die Leiste getrieben; kleine Löcher werden mit Holzpaste verschlossen. (Bild 20)

TIP *Vor allem bei etwas breiteren Rahmen mit ebenen Außenprofilen hat es sich als einfacher erwiesen, den Rahmen, statt an den Arbeitstisch zu klemmen, je nach Rahmengröße hochkant auf den Arbeitstisch oder Fußboden zu stellen und während des Einschlagens der Leistenstifte an einer Wand abzuspreizen.*

Klammern

Es sind im Handel verschiedene stabile Klammern erhältlich, die mit einem Hammer in die Rahmenrückseite quer über den Gehrungsschnitt eingeschlagen werden, ein robuster Tacker für breite Stahlklammern leistet noch bessere Dienste. Für die in Leistenfabriken verwendeten Klammern benötigt man Spezialgeräte, deren Anschaffung sich nicht lohnt.

Flachwinkel

Flachwinkel können ebenfalls als zusätzliche Verbindungsmöglichkeit auf der Rahmenrückseite über die Gehrungsschnitte geschraubt werden. Achten Sie dabei auf die richtige Schraubenlänge, und bohren Sie gegebenenfalls mit einem dünnen Holzbohrer vor, da die Leiste sonst bersten kann. (Bild 21)

Bild 20 Sie können den Rahmen mit ebenem Außenprofil, statt an den Arbeitstisch zu klemmen, auch hochkant auf den Arbeitstisch oder auf den Fußboden stellen.

Bild 21 Je nachdem, welches Werkzeug Ihnen zur Verfügung steht, eine stabile Eckverbindung ist für langlebige Rahmenkonstruktionen unumgänglich.

Holzverbindungen

Geplante Arbeit

Wie bereits erwähnt, bietet uns die Schattenfugenfräse neben vielen anderen Verwendungsmöglichkeiten die Gelegenheit, für Leistenprofilbreiten ab etwa 5 cm, unabhängig von Profilstruktur oder Rahmenstärke, eine wirklich stabile, verwindungssichere Eckverbindung in Tischlerqualität anzufertigen. Das wie im Beispiel „Rahmen aus Rechteckleisten", Variante D, Seite 28, angefertigte Profil wird wie unter „Rahmen aus Rechteckleisten", Variante B, Seite 26, in Gehrung zugeschnitten und zur Verstärkung der herkömmlichen Verleimung weiterbehandelt.

Werkzeug

Schattenfugenfräse, Bandspanner, Hammer, Nagelversenker, Pinsel, Bleistift, Maßband

Material

Leim, 4 Flachdübel, Zeitungspapier, feuchter Putzlappen

Anleitung

Verwenden Sie einen in Gehrung geschnittenen Leistenrest, markieren Sie die Mitte der Leistenvorderseite, und bringen Sie diesen Punkt mit der Markierungsmarke Ihrer Schattenfugenfräse zur Deckung, um eine Probefräsung anzufertigen. (Bild 22)
Wenn die Einstellung paßt, führen Sie diesen Vorgang an jedem Leistenende durch. Sie brauchen acht Fräsungen, die mit vier Flachdübeln miteinander verleimt werden.
Bei schmäleren Leisten kann es vorkommen, daß die von der Leistenmitte ausgehende Fräsung das Leistenprofil an der Außenseite beschädigt. In diesem Fall verrutschen Sie den Markierungspunkt Richtung Leisteninnenseite und stellen den Anschlag der Fräse so tief, daß der Flachdübel in den Falz ragt, ohne diesen jedoch zu beschädigen (Probeleiste!). Der überstehende Flachdübelteil kann nach Durchtrocknung der Verleimung mit einem Cutter abgetrennt werden.

Für die Verleimung des Rahmens können Sie Eckzwingen verwenden. Ich empfehle Ihnen aber, einen Bandspanner einzusetzen, da besonders bei der Verleimung mit Flachdübeln und durch die kurze Abbindezeit des Leimes ein rasches, rationelles Arbeiten notwendig ist. Jeder Teil muß möglichst genau passen; ein späteres Verrutschen oder „Hinschwindeln" ist kaum möglich.
Breiten Sie eine gleichmäßige Schicht alter Zeitungen auf Ihren Arbeitstisch aus. Richten Sie den Spanngurt auf den ungefähren Umfang des fertigen

Bild 22 Stellen Sie die Schattenfugenfräse, wie vom Hersteller angegeben, so auf die zu bearbeitende Leistendicke ein, daß die Fräsung etwa in der Leistenmitte bzw. eher ein wenig in Richtung Bildrückseite entsteht, so daß der Rahmenfalz nicht beschädigt wird.

Rahmens ein, und füllen Sie die erste Fräsung gut mit Leim.
Schlagen Sie mit dem Hammer den Flachdübel gefühlvoll in die Fräsung, bis nur noch die Hälfte des Dübels aus dem gefrästen Schlitz schaut. Der dabei herausquellende überschüssige Leim wird auf dem Gehrungsschnitt verstrichen, so daß dieser gleichmäßig bedeckt ist. (Wenn nötig, fügen Sie noch etwas Leim hinzu.)
(Bild 23)
Wiederholen Sie diesen Vorgang rasch am anderen Leistenende, und legen Sie diese Leiste in den Bandspanner. Nehmen Sie nun die zur ersten Leiste passende gleich lange Leiste, leimen Sie wiederum an jedem Ende einen Flachdübel ein, und bestreichen Sie die Schnittflächen mit Leim. Legen Sie diese Leiste gegenüber der ersten in den Bandspanner. Sie haben jetzt alle vier Flachdübel aufgebraucht.
Drücken Sie in die verbliebenen Dübelschlitze der beiden anderen Leisten rasch Leim aus der Flasche, verstreichen Sie mit dem Pinsel den überschüssigen Leim auf den Schnittflächen, und stecken Sie die noch zu sehenden Dübelhälften in die dazugehörenden Schlitze. Falls nötig, helfen Sie mit gefühlvollen Hammerschlägen nach.
Um ein problemloses Ineinandergleiten der Rahmenteile sicherzustellen, ist zügiges Arbeiten nötig, da der Leim rasch abbindet.
Drücken Sie die Leisten gut aneinander, und umschließen Sie diese möglichst knapp mit dem Gurt. Lassen Sie den eingespannten Rahmen mindestens 20 Minuten trocknen.
(Bild 24)

Bild 23 Der Flachdübel wird in den gefrästen Schlitz geschlagen.

Bild 24 Spannen Sie den Gurt langsam immer fester an, und verwenden Sie ein feuchtes Tuch, um den überschüssigen Leim abzuwischen. Wenn die Fugen der Gehrungsschnitte nicht mehr zu sehen sind, haben Sie die Leisten genau zugeschnitten und den Gurt stark genug gespannt. Auf diese Weise hergestellte Rahmen widerstehen größten Beanspruchungen.

Rahmen aus Rechteckleisten – verschiedene Modelle

Rechteckleisten sowie deren durch Bearbeitung verwandte Formen eignen sich sowohl zur Rahmung geometrischer Bilder vieler zeitgenössischer Maler als auch für viele Rahmungen des täglichen Gebrauches. Durch weitere Bearbeitung (Strukturierung, Bezug) werden sie an verschiedene Bildgegebenheiten angepaßt und oft als Teil von Einsatzrahmen oder schlichte, zeitlose Leiste verwendet. Sämtliche Beispiele sind im Maßstab 1:1 gezeichnet.

Bild auf Faserplatte – Modell 1

Beschrieben wird ein einfach konstruierter Rahmen, der aus zwei Einzelrahmen zusammengesetzt ist. Eine schmale Rechteckleiste umschließt das Bild mit ihren scharfen Kanten, und eine stärkere dient zur Konstruktion des Falzrahmens. Die Breite der Rechteckleiste für den Ansichtsrahmen ist, abgesehen vom Geschmack, von zwei wesentlichen Faktoren abhängig: (Zeichnung 6)

- Es muß zumindest die Stärke von Rückwandplatte plus Bild abgedeckt werden können.
- Für den Fall, daß die Faserplatte nicht exakt zugeschnitten ist oder das Bild am Rand Beschädigungen aufweist, muß dem Bild entlang der Rahmeninnenkante noch eine dünne Abdeckleiste (zum Beispiel Vierkant- oder Viertelstableiste) vorgesetzt werden können.

Wählen Sie die benötigte Leistenbreite aus. Ist das Bild bis zum Rand hin in Ordnung und muß nichts abgedeckt werden, genügt eine Rechteckleiste von ca. 3 cm Breite.

Geplante Arbeit
Rechteckleistenrahmen für Bild- bzw. Passepartoutgröße 13 mal 18 cm mit Falz

Werkzeug
Feinsäge, Gehrungslade, Rahmenspanner oder Eckzwinge(n), Hammer, Nagelversenker, Pinsel, Bleistift, Maßband, eventuell Zange

Material
Fichtenleiste, 10 mal 30 mm Rechteckprofil, ca. 100 cm lang; Fichtenleiste, 20 mal 20 mm Rechteckprofil, ca. 100 cm lang; Tapetenleistenstifte, 25 mm lang; Leim, Zeitungspapier, feuchter Putzlappen, feines Schleifpapier

TIP *Bei auf Holz- oder Faserplatten aufgezogenen Bildern mit beschränkter Haltbarkeit kann der Falzrahmen direkt auf die Bildrückwand aufgeleimt werden. Diese Rahmenart verwende ich wegen ihres rustikalen, natürlichen Charakters und der Leistentiefe auch sehr gerne zur Herstellung von Bildern aus Naturmaterialien (Hülsenfrüchten, getrockneten Schoten, Nüssen,...).*

Anleitung
Übertragen Sie die Maße des Bildes direkt auf die dickere Rahmenleiste, die den Falzrahmen bilden soll.
Da diese Leiste später auf der Rückseite nicht zu sehen sein wird, können Sie rechtwinkelige Stoßverbindungen anfertigen. Schneiden Sie (in der Gehrungslade) zwei Stück mit gleicher Länge zu.

Zeichnung 6
Zwei Modelle für Bild auf Faserplatte

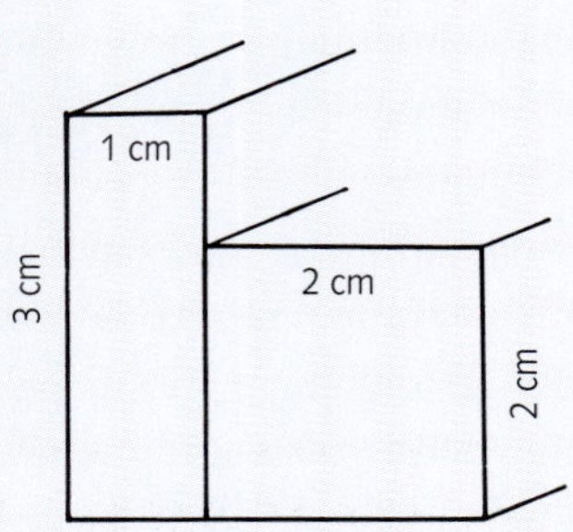

Bestimmen Sie die Länge der beiden restlichen Leisten wieder durch Anlegen am Bildrand. Ziehen Sie diesmal jedoch die doppelte Leistenbreite für die Überlappung an den Ecken ab. Sie benötigen zwei möglichst gleiche, im 90°-Winkel zugeschnittene Leisten. (Bild 25)
Setzen Sie nun die vier Leisten in der richtigen Reihenfolge zusammen, legen Sie diese auf die Bildrückseite, und kontrollieren Sie die Größe. Die Leisten dürfen an keiner Seite über das Bild hinausragen.
Verleimen Sie die vier Falzleisten zu einem Rahmen, den Sie im Rahmenspanner oder in den Eckzwingen etwa 20 Minuten trocknen lassen. (Zusätzliches Nageln ist möglich, aber nicht notwendig).
Danach bestreichen Sie den Falzrahmen mit Leim. Verwenden Sie aber etwas mehr als üblich, denn Holzfaserplatten saugen stärker auf.
Anschließend legen Sie den Rahmen paßgenau mit der Leimseite auf die Bildrückwand. (Bild 26)
Nun kann der erste Gehrungsschnitt am Ende einer Ansichtsrahmenleiste angefertigt werden.
Übertragen Sie die Außenmaße des fertigen Falzrahmens auf die spätere Innenkante des Ansichtsrahmens, und schneiden Sie jeweils zwei möglichst identische Leisten zu, die den Falzrahmen exakt umschließen müssen. (Bild 27)
Spannen Sie die verleimten Gehrungen etwa 20 Minuten in den Rahmenspanner ein.
Nachdem Sie den fertigen Ansichtsrahmen fein beschliffen haben, stülpen Sie ihn, so weit es Ihnen gefällt, über das Bild und verbinden beide Rahmen mit einigen Tapetenleistenstiften. (Bild 28)

TIP *Bildet das Foto keinen sauberen Abschluß zur Rechteckleiste, oder wollen Sie den Rahmen etwas verzieren, so kann dem Bild noch eine Abdeckleiste vorgesetzt werden. Vergessen Sie nicht, in diesem Fall die Holzleiste für den Ansichtsrahmen entsprechend breiter zu wählen, damit dieser die Holzfaserplatte und die Abdeckleiste ein Stück überragt.*

Bild 25 Die Leisten werden der Bildgröße angepaßt.

Bild 26 Zum Schutz des Bildes und zur gleichmäßigen Druckverteilung sollten Sie den Rahmen zwischen zwei Platten zusammenleimen.

Bild 27 Die vier Teile des Ansichtsrahmens müssen den Falzrahmen exakt umschließen.

Bild 28 Sie können das Bild auch noch mit einer Abdeckleiste versehen.

Bild auf Faserplatte – Modell 2

Empfehlung: Bei Originalen, Unikaten und Bildern von größerem Wert rate ich von der vorher beschriebenen Methode auf alle Fälle ab, da es durch die Verleimung von Bild und Falzrahmen bei einem Rahmentausch unweigerlich zu einer Beschädigung der Faserplatte kommen muß.

Geplante Arbeit

Rechteckleistenrahmen für Bildgröße 15 mal 21 cm, aufkaschiert auf Museumskarton

Werkzeug

Gehrungssäge, Winkelspanner, Hammer, Nagelversenker, Pinsel, Bleistift, Maßband, 2 kleine (Klemm-)Zwingen, Zange

Material

Fichtenleiste, 10 mal 40 mm Rechteckprofil, ca. 90 cm lang; Fichtenleiste 20 mal 20 mm Rechteckprofil, ca. 85 cm lang; Tapetenleistenstifte, 32 mm lang; Zange, Leim, Zeitungspapier, feuchter Putzlappen, feines Schleifpapier

Anleitung

Legen Sie eine gleichmäßige Schicht alter Zeitungen auf Ihrem Arbeitstisch aus. Berechnen Sie den ungefähren Leistenverbrauch (Zugabe für Verschnitt nicht vergessen), und sägen Sie beide Rechteckleisten entsprechend ab.

Legen Sie beide Leisten so aneinander, wie Sie sich das fertige Rahmenprofil wünschen, und bestreichen Sie die gemeinsame Berührungsfläche mit Leim.

Spannen Sie die Leisten in die Klemmzwingen. Kontrollieren Sie, daß die Leisten dabei nicht verrutschen, und wischen Sie herausquellenden Leim mit einem feuchten Putzlappen ab.(Bild 29 und 30)

Nach etwa 20 Minuten ist die Verbindung so stabil, daß Sie die Zwingen entfernen können und die Leisten zum Zuschnitt bereit sind.

Bestimmen Sie die genaue Länge für die benötigten Rahmenleisten, indem Sie die jeweils zusammengehörenden Eckpunkte der Bildaußenkante auf die Innenseite der flachen Rechteckleiste übertragen. Diese Punkte muß das Blatt der Gehrungssäge exakt berühren. Nach dem Zuschnitt wird das Holz mit feinem Schleifpapier geglättet.

Wenn die zugeschnittenen Leisten das Bild eng umschließen, haben Sie genau gearbeitet. Sie können nun die Teile zusammenleimen und zusätzlich mit Leistenstiften fixieren. (Bild 31)

Bild 29 Die Berührungsflächen der beiden Leisten werden mit Leim bestrichen.

Bild 30 Die beiden Leisten werden mit Klemmzwingen zusammengepreßt.

Bild 31 Die vorgesetzte Eckleiste hält das Kinderbild „Pinguine“ im Rahmen.

Variation mit Fasen (45°-Abschrägungen)

Der Vielzahl von Abwandlungen sind kaum Grenzen gesetzt. Als eine der Möglichkeiten bietet sich der Rahmen für die Picasso-Kopie (siehe Seite 40) an, der durch 45°-Fasen an den Innen- und Außenkanten der Rechteckleiste entstanden ist. Es bleibt dabei Ihnen überlassen, ob Sie das Profil aus Einzelteilen zusammenleimen wollen (Variante A) oder dieses Profil lieber aus einer entsprechend dicken, stabverleimten Holzplatte zuschneiden (Variante B). (Zeichnung 7)

Variante A

Diese Rahmenleiste wird durch die Kombination zweier Fichtenleisten hergestellt: 100 mm mal 20 mm und 20 mm mal 25 mm.
Je nach Art des Bildes kann eine dritte Leiste als Montagehilfe bzw. Anschlag für Bild, Glas und Rückwand von Vorteil sein. Zur Anfertigung von Fasen benötigen Sie eine Oberflächenfräse mit Fasenfräser oder eine Handkreissäge (auf Kapp- und Frästisch).
Zuerst fertigen Sie an den beiden Längskanten der breiten Rechteckleiste, die später die Ansichtsseite des Rahmens bilden soll, Fasen an. Die auf dem Kapp- und Frästisch montierte Handkreissäge wird so eingestellt, daß ein gleichseitiges Dreieck mit 1 mal 1 cm Seitenlänge abgeschnitten werden kann. (Bild 32)
Montieren Sie die Leiste mit zwei Schraubzwingen, aber beachten Sie, daß die Leistenkante leicht vor der Tischkante liegt, um das ungehinderte Arbeiten mit dem Anschlag der Fräse zu ermöglichen. Fixieren Sie den Fräskopf in der gewünschten Tiefe, stellen Sie den Anschlag ein (jeweils am Leistenende), und beachten Sie die korrekte Fräsrichtung (siehe Erläuterung in der Arbeitsanleitung der Fräse).
Die weitere Vorgehensweise bleibt Ihnen überlassen: Entweder Sie fertigen drei Rahmen an (siehe „Rahmen aus Rechteckleisten" – Varianten A + B, Seite 26) und leimen diese dann zusammen, oder Sie entscheiden sich, wie hier demonstriert, für Zuschnittsvariante D (Seite 28) und beschreiten damit den umgekehrten Weg.
Berechnen Sie den ungefähren Leistenverbrauch, und schneiden Sie sowohl Ansichtsleiste als auch Falzleiste und Anschlagsleiste auf diese Länge zu.
Leimen Sie die Leisten zusammen, wie es im Kapitel „Verleimung" beschrieben ist. (Bild 33 bis 35)
Berechnen Sie die benötigte Leistenlänge, und schneiden Sie jeweils zwei möglichst identische Rahmenleisten in 45°-Gehrung zu.
Für diesen breiten Rahmen empfehle ich Ihnen, die Eckverbindungen nicht nur zu verleimen, sondern zusätzlich, wenn möglich, auch zu dübeln (siehe „Holzverbindungen" Seite 32).

Bild 32 Mit einer Oberflächenfräse und passendem Fräskopf gelingt die saubere Herstellung von Fasen.

Zeichnung 7 Variation mit Fasen

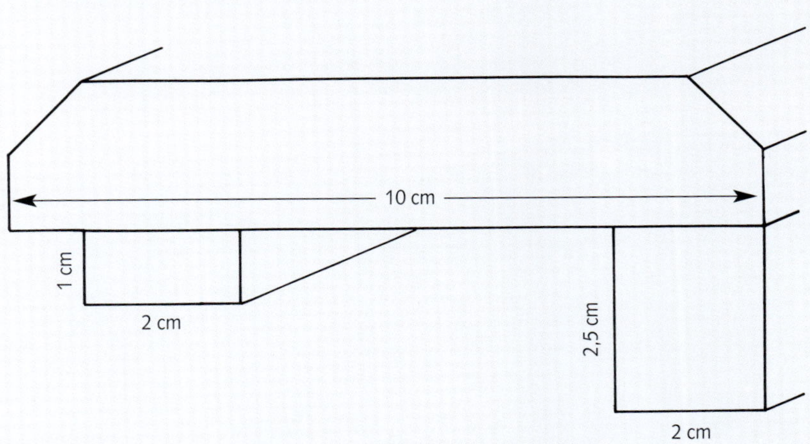

Bild 33 Da die drei Leisten verschiedene Dimensionen haben, sparen Sie beim Zusammenzwingen nicht mit dem Beilegen von Leistenresten, damit eine optimale Druckverteilung und ein möglichst hoher Anpreßdruck während der Aushärtungsphase des Leimes erreicht wird.

Bild 34 Sollten Sie sich für die Verwendung der Anschlagleiste entschieden haben, so empfehle ich Ihnen, diese nicht nur anzuleimen, sondern zusätzlich (vor allem bei großen, schweren Rahmen mit Verglasung) mit kleinen Schrauben (vorbohren!) etwa alle 10 cm anzuschrauben. Achten Sie darauf, daß die Falzbreite rundherum gleich verläuft.

Bild 35 Besitzen Sie keine Schattenfugenfräse, rate ich Ihnen, als zusätzliche Eckverbindung vier Eisenwinkel auf die Rahmenrückseite über die Gehrungsschnitte zu schrauben oder die einzelnen Rahmenteile mit einigen Tackerklammern zu verbinden und ein paar Leistenstifte auf der sichtbaren Außenkante einzuschlagen.

Bild 36 B. Wieser – Picasso-Kopie
„Die Frauen von Algier", Privatbesitz der Familie Biedermann, Wien
Auf dem zuvor angefertigten Rahmenprofil wurde mit dem nötigen Einfühlungsvermögen auf die Bild- und Farbkomposition des Bildes eingegangen. Auf die glatte Rahmenoberfläche sind einzelne Motivteile übernommen und strukturiert ausgebildet. Die mattschwarz lackierten 45°-Abschrägungen des Rahmenprofils bilden eine deutliche Abgrenzung zum Hintergrund. Ein typisches Beispiel einer Sonderanfertigung.

Bild 37
Die Oberflächengestaltung erfolgt, wie im Kapitel „Aufbau von Strukturen", Seite 67, dargestellt ist.

Variante B
Ein ähnlicher Rahmen kann auch aus einer stabverleimten Holzplatte angefertigt werden, falls man über das nötige Werkzeug verfügt. Diese Leiste hat den Vorteil, „ruhiger" also verwindungsfreier zu sein, was vor allem für die Anfertigung großer, breiter Rahmen entscheidend ist. Verwenden Sie je nach Notwendigkeit eine Holzplatte zwischen 18 und 38 mm Stärke. Entscheidend für Ihre Wahl sind dabei optische Aspekte und die Mindestleistentiefe, die benötigt wird, um das Bild seitlich komplett abzuschließen.
Im Beispiel „Der Kuß", Seite 99, Bild 120, wurde diese Leistenart aus einer gehobelten, stabverleimten Holzplatte von 18 mm Stärke angefertigt. Um das Bild seitlich abzudecken, wird eine Rechteckleiste von 10 mal 20 mm angeleimt, der Falz wird durch eine Rechteckleiste von 10 mal 10 mm gebildet. Wählen Sie eine astarme, lochfreie Platte, vermeiden Sie harzige Stellen, und geben Sie dem Holz die Chance, sich einige Tage an Ihr Raumklima zu gewöhnen. In Wohnungen, die mit einer Zentralheizung beheizt werden, kann es zu übertriebenem „Leistenschrumpfen" kommen, und dieser Effekt verstärkt sich natürlich mit der Leistenbreite bzw. Stärke.

Geplante Arbeit
Rechteckleistenrahmen, gefast und gerundet für Kunstdruck „Der Kuß", Falzmaß 84 mal 52 cm (Zeichnung 8)

Werkzeug
Hand- bzw. Tischkreissäge, Gehrungssäge, Schattenfugenfräse, Fasenfräser, Oberflächenfräse, Abrundfräser, Bandspanner, Hammer, Nagelversenker, Pinsel, Bleistift, Maßband, Zange, (Klemm-)Zwingen, Bandschleifer

Material
Fichtenholzbrett („Möbelbauplatte"), stabverleimt, ca. 40 mal 110 cm (Stärke 18 – 21 mm); Rechteckleisten, 10 mal 20 mm und 10 mal 10 mm, ca. 3,7 lfd. M.; Leistenstifte, 4 Flachdübel, Leim, 4 Flachwinkel mit dazu passenden Schrauben, Zeitungspapier, feuchter Putzlappen, Kartonstreifen zum Beilegen, feines Schleifpapier

Anleitung
Verwenden Sie die Hand- bzw. Tischkreissäge, um das Brett in vier je 9,5 cm breite und 110 cm lange Stücke zu sägen. (Bild 38)

Markieren Sie bei jedem Brettstück die schönere Stirnseite sowie eine Breitseite, die später die Rahmenvorderseite werden soll.
Legen Sie das erste Brettstück mit der markierten Seite nach oben auf den Arbeitstisch, und klemmen Sie es fest.
Fertigen Sie nacheinander an jeweils einer der Längskanten der vier Brettstücke, die später die Ansichtsseite des Rahmens bilden sollen, Fasen an.
Mit der Oberflächenfräse und dem dazu passenden Fasenfräser gelingt die Fräsung so genau und glatt, daß man kaum nachschleifen muß.
(Bild 39)

Bild 38 Mit der Hand- bzw. Tischkreissäge trennen Sie das Brett in vier gleich große Stücke.

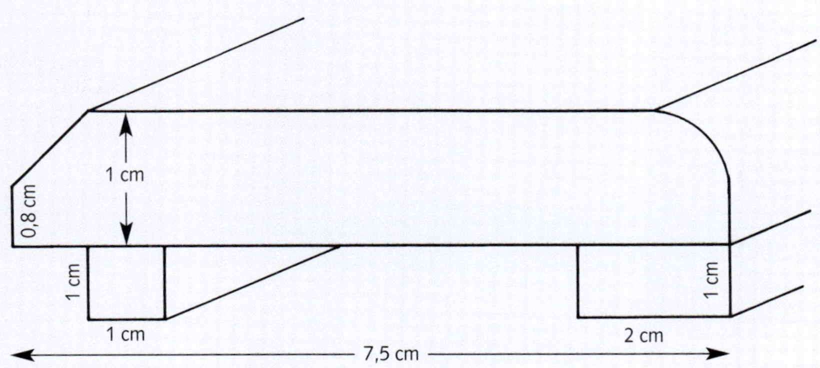

Zeichnung 8
Diese stabile Bilderrahmenleiste entsteht durch Zuschnitt eines stabverleimten Holzbrettes in Kombination mit zwei Rechteckleisten.

Mit der Oberflächenfräse und dem Abrundfräser werden die Außenkanten des Ansichtsrahmens geformt. Je nach Einstellung werden die Kanten gesoftet, oder bei stärkerer Eintauchtiefe wird zusätzlich ein kleiner Grat geformt. (Bild 40)
Sie haben jetzt vier Ansichtsleisten. Es fehlen noch die Rechteckleisten zur Bildung des Falzes sowie der seitlichen Bildabdeckungen. Sie haben die Wahl, entweder drei Rahmen herzustellen und zusammenzubauen oder auf den Unterseiten der breiten Rechteckleisten die benötigten schmalen Rechteckleisten zu montieren und danach erst den Hauptrahmen anzufertigen.
Achten Sie auf die entsprechende Gehrungsschnittrichtung. Die Fase soll immer Richtung Bild liegen, die gesoftete Kante ist die lange Außenkante. (Bild 41)
Rechnen Sie für die genaue Ablängung der Leisten zum Bildmaß plus ca. 2 mm Zugabe, um das Falzmaß zu ermitteln.
Für diesen breiten Rahmen empfehle ich Ihnen wieder, die Eckverbindungen zusätzlich zu verstärken, wobei die optimalste Lösung sicherlich das Dübeln ist. Die Ecken können außerdem mit einigen Leistenstiften genagelt werden. (Bild 42)
Falls Sie keine Schattenfugenfräse besitzen, müssen Sie unbedingt Flachwinkel aufschrauben.
Ungenauigkeiten und die sägerauhen Stellen auf der gesamten Rahmenoberfläche werden fein beschliffen. (Bild 43)
Ein Parallelanschlag am Bandschleifer hilft bei der Herstellung exakter Kanten.

Bild 39 Mit der Oberflächenfräse fertigen Sie Fasen an.

Bild 40 Mit der Oberflächenfräse und dem Abrundfräser werden die Außenkanten des Ansichtsrahmens geformt.

Bild 41 Der Gehrungsschnitt der breiten Leisten erfolgt am genauesten am Kapp- und Frästisch mit der Handkreissäge.

Bild 42 Die Ecken dieses breiten Rahmens werden am besten mit Flachdübeln verbunden.

Bild 43 Unebene Stellen werden mit einem Bandschleifer beschliffen.

Zeichnung 9 Für Wechselrahmen ohne Glas (mit oder ohne Schmuckleiste) zur Anfertigung des Falzrahmens drei Rechteckleisten mit einer Dicke von 0,5 cm, da das Bild wesentlich schöner im fertigen Rahmen aussieht, je straffer es in ihm sitzt.

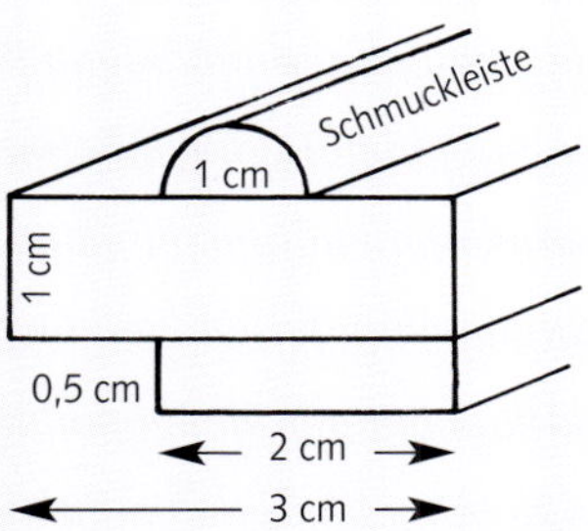

Modelle für Wechselrahmen

Für die Konstruktion eines einfachen, stabilen Wechselrahmens stellt die Kombination zweier Rechteckleisten – eventuell auch mit geringfügigen Abwandlungen des Leistenprofils – eine bewährte Lösung dar. (Zeichnung 10)

Wechselrahmen ohne Glas

Wenn Sie meinen, ohne Glas auszukommen, so sollte das Bild für diesen Rahmen auf einen Karton aufkaschiert werden können (siehe Kapitel „Nasses Aufziehen – indirekt“, Seite 89), was bedeutet, daß keine Bilder von großem ideellen oder materiellen Wert für diese Methode geeignet sind. (Zeichnung 9)

Geplante Arbeit
Rechteckleistenrahmen für Bild- bzw. Passepartoutgröße 20 mal 25 cm mit Falz

Werkzeug
Gehrungssäge, Rahmenspanner oder Eckzwinge(n), Hammer, Nagelversenker, Pinsel, Lineal, Bleistift, kleine Zwingen, Tacker

Material
Fichtenleiste, 10 mal 30 mm Rechteckprofil, ca. 120 cm lang; Fichtenleiste, 5 mal 20 mm Rechteckprofil, ca. 100 cm lang; Rückwandkarton, 2 Holzplatten zum Dazwischenklemmen, Tapetenleistenstifte, Leim, Tackerklammern, feuchter Putzlappen

Anleitung
Schneiden Sie jene Rechteckleiste, welche die Ansichtsseite des Rahmens bilden soll, an einem Ende in Gehrung (45°). Die Markierung für den zweiten Schnitt (an der Innenkante gemessen) ergibt sich aus der Bildbreite von 20 cm plus 0,2 cm Zugabe minus 2 mal 1 cm für den Falz links und rechts. (Bild 44)
Sie haben nun die erste Leiste zugeschnitten, die als Maß für die zweite Leiste genommen wird. Bei Verwendung von glatten, profillosen Rechteckleisten wie in diesem Beispiel ist ein neuerlicher Gehrungsschnitt am Beginn der nächsten Leiste sowie ein Umlegen des Sägeblattes nicht nötig, es genügt, die Leiste auf die Rückseite zu drehen.
Jetzt folgen die beiden längeren Leisten. Bei einer Bildhöhe von 25 cm und der nötigen Zugabe von 0,2 cm sowie 2 cm Abzug für den Falz markieren Sie mit 23,2 cm die innere Lichte des Wechselrahmens und schneiden dort möglichst genau im 45°-Winkel zu. (Bild 45)
Sie haben nun alle Leisten und können in einem nächsten Arbeitsschritt den Ansichtsrahmen im Rahmenspanner verleimen sowie als zusätzliche Eckverbindung Leistenstifte bzw. Klammern einschlagen. (Bild 46)

Zeichnung 10
Drei Modelle für Wechselrahmen

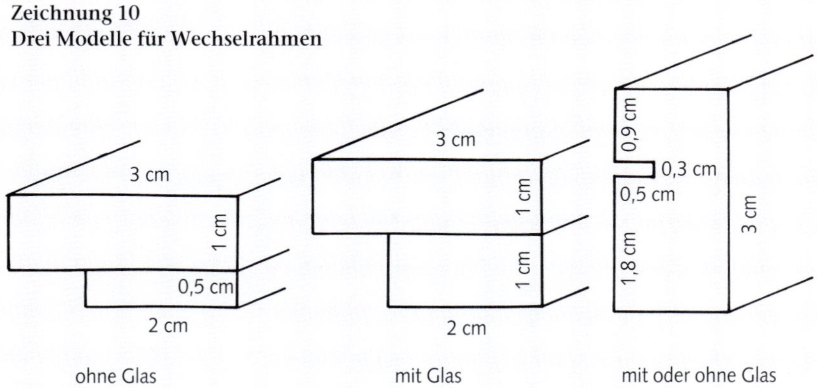

Während der geleimte Ansichtsrahmen trocknet, schneiden Sie die drei Leisten für den Falz zu. Dies kann entweder in Gehrung erfolgen, oder Sie schneiden die Leisten auf Stoß (90°). Da in diesem Fall die Breite der Falzleiste so gewählt wurde, daß sich ein Falz von 1 cm ergibt, sollen die Außenkanten des Ansichtsrahmens exakt mit den Außenkanten des Falzrahmens übereinstimmen.
Übertragen Sie das Naturmaß direkt auf die Leiste, und schneiden Sie die beiden senkrechten Teile möglichst genau zu.

Bild 44 Markieren Sie die Leiste an der zum Bild gewandten Seite – also bei 18,2 cm, was der inneren Weite des fertigen Rahmens entspricht. Der Schnitt muß gegengleich zum ersten laufen.

Bild 45 Sie haben nun vier in Gehrung geschnittene Leisten für den Ansichtsrahmen.

Bild 46 Die fertigen vier Leisten werden im Rahmenspanner verleimt, und als zusätzliche Eckverbindungen werden Leistenstifte bzw. Klammern eingeschlagen.

Die untere Querleiste wird ebenfalls nach Naturmaß eingepaßt.
Bestreichen Sie die Falzleisten mit Leim, und zwingen Sie diese zwischen zwei beigelegten Holzplatten auf dem Ansichtsrahmen fest. Der fertige Rahmen ist um so schöner, je exakter die Außenkanten von Rahmen- und Ansichtsleisten zur Deckung gelangen. Wenn das Falzmaß von 1 cm nicht genau eingehalten werden kann, ist das nicht so schlimm.
Fixieren Sie nun den Rahmen an einigen Stellen mittels Tapetenleistenstiften, und kontrollieren Sie ständig, daß dieser dabei nicht verrutscht. Wischen Sie überschüssigen Leim mit einem feuchten Putzlappen ab. Leimen Sie dann die Rückwand, die aus einem rundherum etwa 3 mm kleineren Karton besteht, an den Falzleisten fest, und fixieren Sie diese mit dem Tacker. (Bild 47)

Bild 47 Der Rahmen wird verleimt und mit Tapetenleistenstiften zusammengenagelt, die Rückwand an den drei Falzrahmenleisten angeleimt und mit dem Tacker fixiert.

Bild 48 Tip: Wie wär's mit einem Rahmenschmuck aus aufgesetzten Zierelementen oder Aufsatz- bzw. Halbrundleisten?

Wechselrahmen mit Glas

Geplante Arbeit
Rahmen für Bild- bzw. Passepartoutgröße 20 mal 25 cm mit Falz
Werkzeug
Gehrungssäge, Bandspanner oder Eckzwinge(n), Hammer, Nagelversenker, Pinsel, Maßband, Bleistift, Zwingen, Tacker
Material
Fichtenleiste, max. 30 mm breites Rechteckprofil, ca. 120 cm lang; Fichtenleiste, 10 mal 20 mm Rechteckprofil, ca. 100 cm; Rückwandkarton, Leistenstifte, 13 und 18 mm lang; Leim, Tackerklammern

Anleitung
(Zeichnung 11)
Übernehmen Sie die einzelnen Konstruktionsschritte dem Beispiel „Wechselrahmen ohne Glas", Seite 43/44.
Als Rückwand schneiden Sie einen rundherum etwas kleineren Karton zu, leimen diesen an drei Seiten fest und schrauben ihn zusätzlich an. (Bild 49)

Bearbeitete Bauleiste für Wechselrahmen mit Glas
Geplante Arbeit
Rechteckleistenrahmen für Bild- bzw. Passepartoutgröße 20 mal 25 cm mit Falz für Glas.
Werkzeug
Gehrungssäge, Tisch- bzw. Handkreissäge, Oberflächenfräse oder Schattenfugenfräse zum Falzschneiden, Rahmenspanner oder Eckzwinge(n), Hammer, Nagelversenker, Pinsel, Maßband, Bleistift, (Klemm-)Zwingen,
Material
Fichtenleiste, 15 mal 30 mm Rechteckprofil, ca. 120 cm lang; unbeschichtete Hartfaserplatte (10 bis 18 mm dick), 19,2 mal 24,2 cm groß; Leistenstifte, 30 mm lang; Leim, feines Schleifpapier, feuchter Putzlappen, Zeitungspapier, Wachskitt oder Holzpaste. (Zeichnung 12)
Anleitung
Markieren Sie an einem Leistenende, wo der Schlitz für das Bild genau entstehen soll, und stellen Sie den Anschlag der Fräse danach ein. Die Frästiefe von ca. 5 mm erkennen Sie durch Absenken des Schneidemessers an einem Leistenende. Beschränken Sie die Eintauchtiefe der Fräse mit der Feststellschraube. (Bild 50)

TIP *Um ein Gefühl für diese Arbeit zu bekommen, probieren Sie zuerst, an einem Reststück eine saubere, gerade Fräsung vorzunehmen.*

Bild 49 Durch Anschrauben einer dünnen Holzfaserplatte oder eines stärkeren Kartons wird der Rahmen stabiler.

TIP *Da bei dieser Rahmenart vor allem bei größeren Modellen durch die Verglasung ein höheres Gewicht erreicht wird, empfehle ich Ihnen, eine stabilere Rückwand (zum Beispiel eine dünne Holzfaserplatte) auf die Falzleiste zu leimen und mit einigen kurzen Rückwandschrauben (Löcher vorbohren!) zusätzlich am Rahmen zu fixieren.*

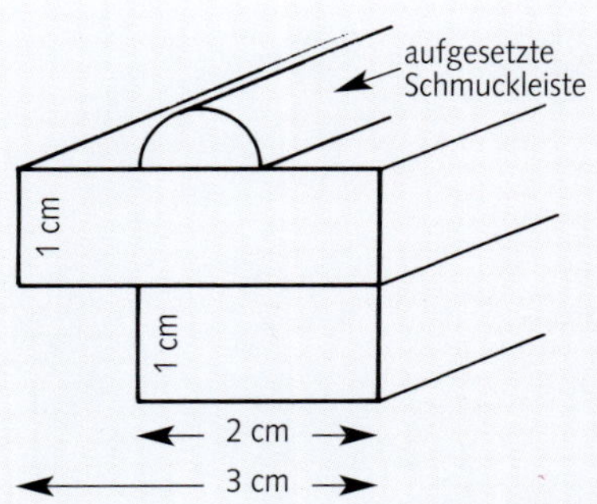

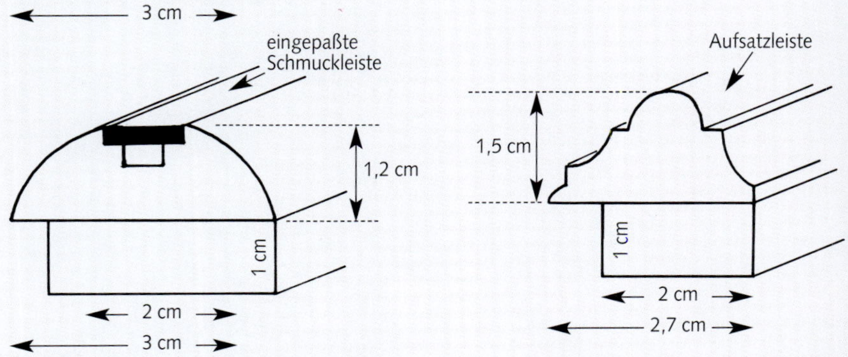

Zeichnung 11
Im Unterschied zum vorherigen Modell wird hier für die Aufnahme der Glasscheibe eine dickere Falzleiste benötigt. Der Ansichtsrahmen kann aus einer einfachen Flachleiste gebildet werden, eine Halbrundleiste, Aufsatzleiste oder eine eingepaßte Schmuckleiste sein.

Kleine Unreinheiten schleifen Sie glatt. Runden Sie dabei jedoch nicht die geraden Kanten des Falzes ab. Schneiden Sie die fertige Rechteckleiste an einem Ende in Gehrung. Beachten Sie dabei besonders die richtige Lage der Leiste in der Gehrungssäge: Die Leiste muß in der Säge aufgestellt sein, und diese Seite muß, da der Falz für das Glas in Richtung Bildmitte gehört, durch jeden Gehrungsschnitt die kürzere sein. (Bild 51)
Für die Bildgröße von 20 mal 25 cm muß eine innere Rahmengröße dieses Maßes abzüglich von 0,4 cm (bei einer Falztiefe von 0,5 cm) pro Seite angefertigt werden. (Bild 52)
Markieren Sie die Leiste an der zum Bild gewandten Seite – also bei 19,2 cm –, und fertigen Sie an dieser Stelle in gegengleicher Richtung einen Schnitt.
Die erste und zweite Leiste sollten möglichst identisch sein. Die Länge der beiden weiteren Leisten ergibt sich aus der Bildgröße von 25 cm minus 2 mal 0,4 cm, also 24,2 cm. (Bild 53)

Bild 50
Befestigen Sie die Rechteckleiste mit zwei kleinen Zwingen am Arbeitstisch.
Das ungehinderte Arbeiten darf dadurch jedoch nicht eingeschränkt werden. Legen Sie eine zweite Leiste dazu, damit die Fräse sicher steht.

Bild 51
Durch richtiges Einstellen der Fräsmesserstärke sollte bereits im ersten Arbeitsgang der benötigte Falz für die Aufnahme des Bildes und der Glasplatte entstanden sein. Kontrollieren Sie, ob sich in dem entstandenen Falz alle Teile bequem einlegen lassen.

Bild 52 Die gefräste Leiste wird in Gehrung gesägt.

Zeichnung 12 Hier ist durch Fräsung in eine gewöhnliche Rechteckbauleiste eine sehr gute Leiste für einen Wechselrahmen mit Glas entstanden. Da sich durch Variation der Fräsbreite verschieden dicke Gläser und Bilder (mit oder ohne Passepartout) einschieben lassen, ist dieses Modell besonders vielseitig verwendbar.

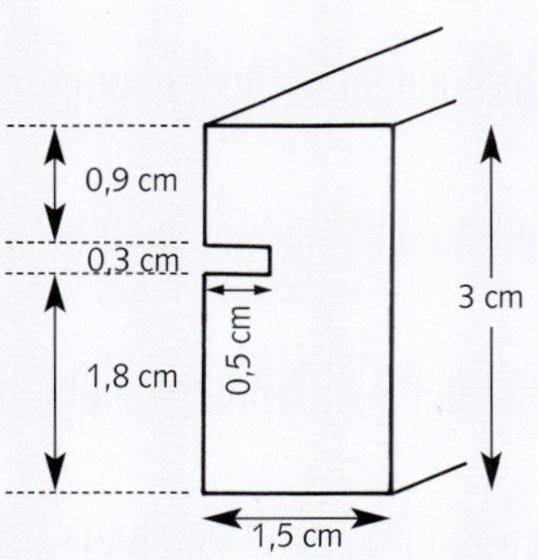

Bestreichen Sie jetzt nur drei Leisten mit Leim, legen aber alle vier Leisten gemeinsam in den Rahmenspanner, so daß nach dem Trocknen eine Leiste wieder weggenommen werden kann. Die obere waagerechte Leiste bilden Sie als Abdeckleiste aus.
Wischen Sie den überschüssigen Leim mit dem feuchten Putzlappen aus der Fräsung, da die Glasscheibe sonst an den ausgehärteten Leimresten anstehen würde und nicht in die Leiste eingeschoben werden könnte oder durch Punktbelastung zerspringen würde. (Bild 54)
Während der Leim trocknet, schneiden Sie mit der Handkreissäge eine Holz- oder Hartfaserplatte zu, die exakt in den Rahmen eingelegt werden kann. Die Plattenstärke sollte etwa 10 mm betragen, aber maximal die Stärke zwischen der Fräsung in der Rechteckleiste und der verbleibenden Leistenbreite haben, da das Bild sonst seitlich nicht komplett durch die Leiste abgedeckt wird. (Bild 55)
Bestreichen Sie die Innenseiten der drei geleimten Leisten so breit mit Leim, wie die Breite der Holzfaserplatte verlangt. Legen Sie den Rahmen mit der Ansichtsseite nach oben auf altes Zeitungspapier, und setzen Sie die Holzplatte von oben ein. Dadurch erreichen Sie, daß die Rahmenleisten möglichst sauber bleiben. Wischen Sie überschüssigen Leim rasch ab. Achten Sie dabei besonders darauf, daß die Fräsung für die Aufnahme der Glasplatte sauber sein muß.
Ergänzen Sie den Rahmen mit der nicht mit Leim bestrichenen vierten Leiste, und umschließen Sie alles mit dem Rahmenspanner.
Nach dem vollständigen Aushärten können Sie noch, um die Stabilität zu verbessern, einige Leistenstifte durch die drei verleimten Leistenteile in die Holzplatte einschlagen (Nagelversenker).
Die kleinen Nagellöcher verschließen Sie anschließend mit (farblich passendem) Wachskitt oder Holzpaste.
Wenn das Bild fertig gerahmt ist, genügt es, die vierte Leiste mit zwei

Bild 53
Sie haben jetzt alle Leisten, um den Rahmen zu bilden.

Bild 54 Es liegen drei geleimte und eine ungeleimte Leiste im Rahmenspanner.

Leistenstiften zu fixieren. Die Aufhängung wird üblicherweise an der Rückwand angebracht.

TIP *Daß es nicht unbedingt erstrebenswert sein muß, die Metallverbindungen möglichst unsichtbar zu verarbeiten, möchte ich Ihnen mit folgendem Beispiel demonstrieren: Bei der Kinderzeichnung „Ritterburg" wurden zur Montage statt der Nägel schöne Rundkopf-Messingschrauben verwendet. Die gelbgold glänzenden Schrauben setzen einen hübschen Akzent auf dem mattschwarz lackierten Rahmen. Vergessen Sie in diesem Fall bitte nicht, mit einem dünnen Bohrer vorzubohren, um das Springen der Leisten zu vermeiden. Ein Firnisauftrag über der gesamten Rahmenoberfläche schützt nicht nur die Acrylfarbe, sondern bewahrt auch den Glanz der Messingschrauben. (Bild 56)*

Bild 55 Während der Leim trocknet, wird die Hartfaserplatte für die Rahmenrückseite zugesägt.

Bild 56 Rundkopf-Messingschrauben setzen einen hübschen Akzent auf dem mattschwarz lackierten Rahmen.

Modelle für offene oder geschlossene Kastenrahmen

Ein Kastenrahmen ist von der Grundkonstruktion mit einem Wechselrahmen aus bearbeiteten Rechteckleisten identisch. Durch die Verwendung besonders breiter Leisten entsteht die nötige Rahmentiefe, die zur (staubgeschützten) Aufnahme dreidimensionaler Objekte benötigt wird. Ob Sie den einfachen Kastenrahmen in einen Rahmen einsetzen oder durch Aufsatz verschiedener Leisten verzieren, ist Ihrem Geschmack überlassen. Zur besonderen Ausstattung gehören Regale und eine Innenverkleidung, auch eine Rückwand aus Glas ist möglich. (Zeichnung 13)

Anleitung

Fertigen Sie aus den Leisten einen Rahmen in gewünschter Größe an, und gestalten Sie die Oberfläche zum Bild passend (hier: Antikwachs und weiches Tuch für die Oberflächenversiegelung). (Zeichnung 14)
Da die Leisteninnenseiten zu sehen sind, müssen diese in irgendeiner Form gestaltet werden. In diesem Fall sind sie mit demselben Stoff bezogen, mit dem auch das Foto hinterlegt ist. Schneiden Sie einen ausreichend langen oder zwei sich im Muster fortsetzende Stoffstreifen zu (Achtung, Laufrichtung!), die in einer Ecke möglichst unauffällig mit Sekundenkleber zusammengesetzt werden. (Bild 58)

Bild 57 Foto in Kastenrahmen mit Kochutensilien – ein besonders liebevoll gerahmtes Stück, das an fröhliche Spiele erinnert.

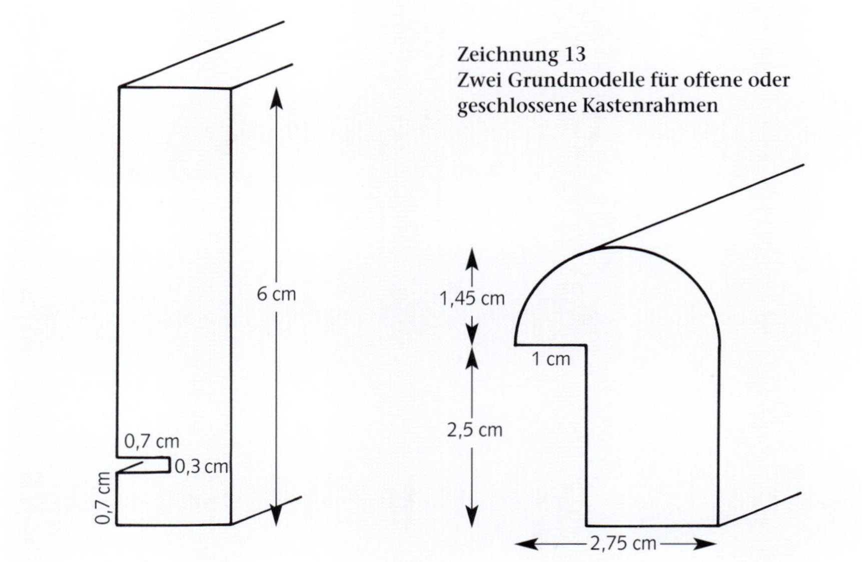

Zeichnung 13
Zwei Grundmodelle für offene oder geschlossene Kastenrahmen

Verglaster Kastenrahmen

Dieser Rahmen eignet sich für Bilder, die mit plastischen Elementen kombiniert werden. Sein Rahmenaußenmaß beträgt ca. 30 mal 37 cm.

Werkzeug

Lineal, Schere, Schneidemesser, Schraubendreher

Material

Glasleiste mit Falztiefe von mindestens 25 mm, Bezugsstoff, Sprühkleber, Teppichklebeband oder Glaserblecheckchen, Rückwand, Foto und Dekorationsmaterial, eventuell Holzplatte als Sockel, doppelseitig Klebefolie, Rückwandschrauben, Sekundenkleber, Deckglas

An den inneren Ecken und Kanten des Rahmens muß der Stoff sorgfältig umgebogen werden. Stoffteile werden nur in den Ecken zusammengesetzt. Achten Sie dabei auf ein fortlaufendes Muster. Überstehendes Material wird mit dem Schneidemesser sorgfältig abgetrennt.
Ein schmales, umlaufendes Teppichklebeband oder einige Glaserblecheckchen dienen zur Fixierung des Deckglases im Rahmenfalz.
Die Rückwand wird ebenso wie die Leisteninnenseiten bezogen (Sprühkleber!), wobei in diesem Beispiel der Stoffbezug an den Außenkanten bündig abschließen kann, da die Rückwand auf den Rahmen aufgesetzt wird.

Zeichnung 14
Leistenprofil für verglaste Kastenrahmen, kombiniert mit plastischen Elementen

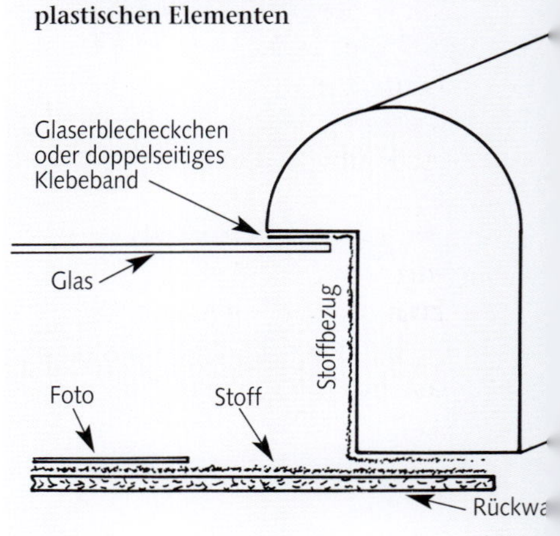

Um die Rahmentiefe zu betonen, wurde in diesem Beispiel das Foto mit doppelseitiger Klebefolie auf eine bemalte Holzplatte geklebt und dieser „Sockel“ mit Teppichklebeband auf der bezogenen Rückwand fixiert. In allen anderen Fällen kann durch eine angeschraubte zweite Rückwand der an der Rahmenrückseite sichtbare umgeschlagene Stoffbezug bei Bedarf abgedeckt werden. Zwischen Glas und Rückwand sind dann jedoch Abstandshalter (an den vier Eckpunkten oder umlaufend) notwendig.
(Bild 57)

Bild 58 Die mit Sprühkleber versehene Rahmeninnenseite sowie die Rückwand werden mit Stoff verkleidet.

Offener Schaukasten mit Regalen

Der Schaukasten eignet sich für die Aufbewahrung kleiner Sammlerstücke im Freien. Außenmaß: 25 mal 30 cm.

Werkzeug

Schattenfugenfräse, Gehrungssäge, Rahmenspanner, Hammer, Nagelversenker, Lineal, Bleistift, Pinsel, Schere

Material

60 mal 15 mm Rechteckbauleiste, ca. 1,1 lfd. M.; schmale Bilderrahmenleiste oder Aufsatzleiste, ca. 1,2 lfd. M.; Grundierung, Blattmetall (goldfarben), Anlegemilch, Überzugslack, Acrylfarbe in Schwarz, Flüssigbronze, Veloursfolie in Weinrot oder Dunkelgrün, 4 Leistenstücke als Regalträger, Holzleim in der Flasche, Tapetenleistenstifte, Sekundenkleber, Spiegelrückwand (ca. 23 mal 28 cm), 2 kleine Bilderklappösen Nr. 2, Sprühlack, Holzpaste, Kartonstreifen, feines Schleifpapier

Anleitung

Zuerst wird für die Spiegelrückwand, ähnlich wie beim Wechselrahmenmodell, in die Breitseite der Rohleiste mit der Schattenfugenfräse eine Rille (= Nut) gefräst. Der Abstand zur Leistenkante beträgt etwa 7 mm, die Tiefe sollte ebenfalls etwa 7 mm betragen, die durch die Messerstärke vorgegebene Fräsbreite ist etwa 3 mm. (Bild 59)

Bild 59 In die Breitseite der Leiste wird mit einem Abstand zur Leistenkante von ca. 7 mm eine ebenfalls 7 mm tiefe Fräsung vorgenommen, in die später die Spiegelrückwand eingesetzt werden kann.

Bild 60 Die mit Grundierung behandelten und fein beschliffenen Vorderkanten und Außenwände werden später mit schwarzer Acrylfarbe bemalt, die nach dem Trocknen eine Farbauftupfung mit Flüssigbronze erhält.

Zeichnung 15 Leistenprofil für einen offenen Schaukasten mit Regalen für kleine Sammlerstücke

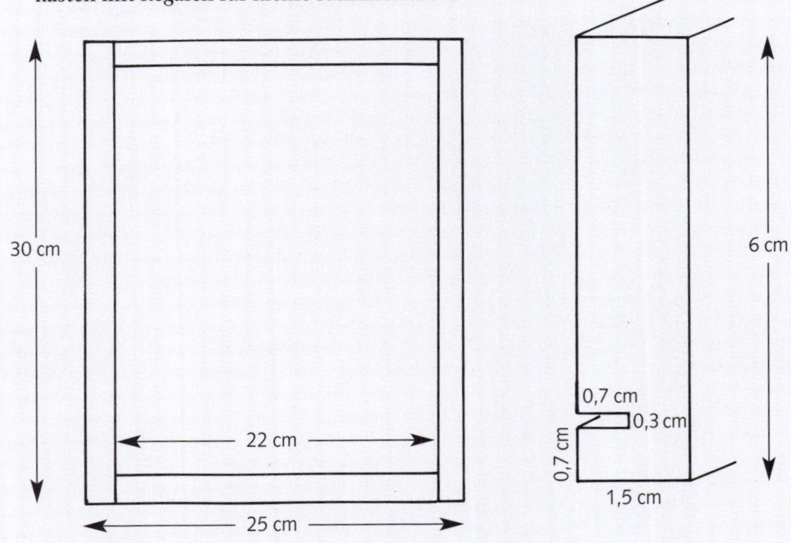

TIP *Als zusätzliche Dekoration kann zum Beispiel eine zarte, schwarz bemalte oder mit Flüssigbronze vergoldete Holzleiste umlaufend montiert werden.*
Zur sicheren Aufhängung sollte an der Rückseite der beiden senkrechten Leisten jeweils eine Bilderklappöse Nr. 2 mit Sekundenkleber und Nägeln angebracht werden.
Nun können zwei passende Glasregale in den Rahmen eingelegt werden. Beachten Sie beim Glaszuschnitt, daß für die Vorderkanten nur beschliffene Originalkanten verwendet werden.

Danach wird die Leiste mit der Gehrungssäge rechtwinkelig zugeschnitten. Für das Außenmaß von 25 mal 30 cm werden je zwei Teile mit 30 cm und 22 cm (= 25 cm – 2 mal Leistenstärke von 1,5 cm) benötigt. (Zeichnung 15)
Die Innenwände werden bis direkt an die Fräsung mit weinroter oder dunkelgrüner selbstklebender Veloursfolie bezogen, die möglichst tief in die Fräsung hineinreichen muß.
Sägen Sie vier schmale Eckleisten (zum Beispiel 0,5 cm mal 1 cm) in einer Länge von 4 bis 4,5 cm als Regalträger zu. Beziehen Sie die später sichtbaren Flächen nach der Grundierung mit goldfarbenem Blattmetall. Bestreichen Sie diese am nächsten Tag mit Überzugslack.
Nun nageln Sie die Regalhalter in exakt gleicher Höhe an den gewünschten Positionen an beiden langen (senkrechten) Innenwänden mit Tapetenleistenstiften an und vermeiden Sie Beschädigungen an den vergoldeten Leisten durch Verwendung des Nagelversenkers.
Leimen Sie danach die vier Leistenteile mit der Spiegelrückwand zusammen, und legen Sie alles mit der Vorderseite nach unten auf den Arbeitstisch. Umschließen Sie diese Teile mit dem Rahmenspanner, und achten Sie besonders darauf, daß die bezogenen Innenseiten frei von Leim bleiben. Zur Versteifung werden rundherum als zusätzliche Eckverbindung jeweils zwei Tapetenleistenstifte durch die Seitenwände eingeschlagen (Nagelversenker!).
Wurde die Fräsung so breit angefertigt, daß sich die Rückwand im Falz bewegen läßt, so legen Sie an der Spiegelrückseite dünne Kartonstreifen bei oder schieben Sie eine Kartonrückwand ein.
Nach Glätten der Stirnseiten und Verschluß der Fräslöcher mit Holzpaste werden die Außenwände und Vorderkanten grundiert und fein beschliffen. (Bild 60)
Darüber erfolgt eine Bemalung mit schwarzer Acrylfarbe, die nach Abtrocknung eine Farbauftupfung mit Flüssigbronze erhält. Der innere Teil des Kastenrahmens wird sorgfältig verklebt, alle äußeren Teile zum Beispiel mit Sprühlack versiegelt, siehe Seite 54, Bild 62.

Einsatzrahmen

Einsatzrahmen werden aus mindestens zwei, meistens aber noch mehr Einzelrahmen zusammengestellt, die nach durchgeführter Oberflächenbehandlung miteinander verleimt und vernagelt werden. Den innersten Rahmen, den sogenannten „Einsatz“, können Sie mit Stoff beziehen, oder Sie heben ihn in der Oberflächengestaltung auf irgendeine andere Weise (siehe „Schnitzen“, Seite 60, „Reliefartiger Farbauftrag mit Modellierpaste“, Seite 68) deutlich vom Hauptrahmen ab. Falls für die Oberflächengestaltung keine Einzelrahmen benötigt werden, kann aus den verschiedenen Leisten das gewünschte Profil für den Hauptrahmen zusammengeleimt werden. Zum Schluß wird der mit Leim bestrichene „Einsatz“ von hinten eingebaut.

TIP *Beim Zuschnitt strukturierter Einsätze ist es besonders wichtig, auf ein fortlaufendes Muster in den Gehrungsschnitten zu achten. Berechnen Sie daher für den Leistenkauf etwas mehr Zugabe. (Bild 61)*

Bild 61 Jede rohe breite Bilderrahmenleiste vom Holzhändler kann, mit einem „Einsatz“ kombiniert, zum Einsatzrahmen werden und durch entsprechende Oberflächengestaltung den Anforderungen angepaßt werden. Wenn eine glatte Bilderrahmenleiste zum zweiten „Rahmen im Rahmen“ wird, kann dadurch ein fertig dekorierter Rahmen in Standardmaßen ein anderes, kleineres Falzmaß erhalten.

Bild 62 Dieser offene Kastenrahmen mit Regalen und Spiegelrückwand ist mit den in diesem Buch beschriebenen Techniken und Materialien einfach anzufertigen.

Rahmenmodelle durch Kombination verschiedener Standardleistenarten

Beim Zusammenstellen der verschiedenen Leistenkombinationen ist darauf zu achten, daß aus optischen Gründen ein passender seitlicher Abschluß des Profils zur Wand hergestellt wird. Ist dies nicht oder nur bedingt möglich, sollte auch eine Oberflächenbehandlung dieser Seiten- bzw. Rückansicht erfolgen. (Bild 63)

Bild 63 Diese Mustertafel zeigt einige Anregungen zur Herstellung von Rahmenmodellen durch Kombination verschiedener gängiger Leistenarten, deren ursprünglicher Verwendungszweck eigentlich ein anderer ist (Sockelleisten, Aufsatzleisten, Glasleisten, Verkleidungsleisten usw.).

Bilderrahmenleisten – selbst gefräst

Eine Weiterentwicklung der im Kapitel „Rahmen aus Rechteckleisten mit Fasen" hergestellten Leisten stellt die Loslösung von den üblichen rechteckigen oder quadratischen Rahmenformen dar. Durch Anwendung des bisher vermittelten Wissens ist auch die Anfertigung einer geschwungenen oberen Querleiste (aus einem entsprechend breiten und starken stabverleimten Holzbrett) mit der Oberflächenfräse kein Problem (siehe Bild 64 und 67).

Bild 64 Moderne flotte Rahmen, aus einem Stück gefräst, erfreuen sich zur Zeit zunehmender Beliebtheit. Meistens mit glatten, profillosen Oberflächen, oft naturbelassen oder mit bunt bemalten Oberflächen bestechen diese Rahmen durch eine Formenvielfalt, der kaum Grenzen gesetzt sind: herzförmig, rund, oval, Umrisse von Tierformen, zusammensetzbare Rahmen in Puzzleteilform usw.

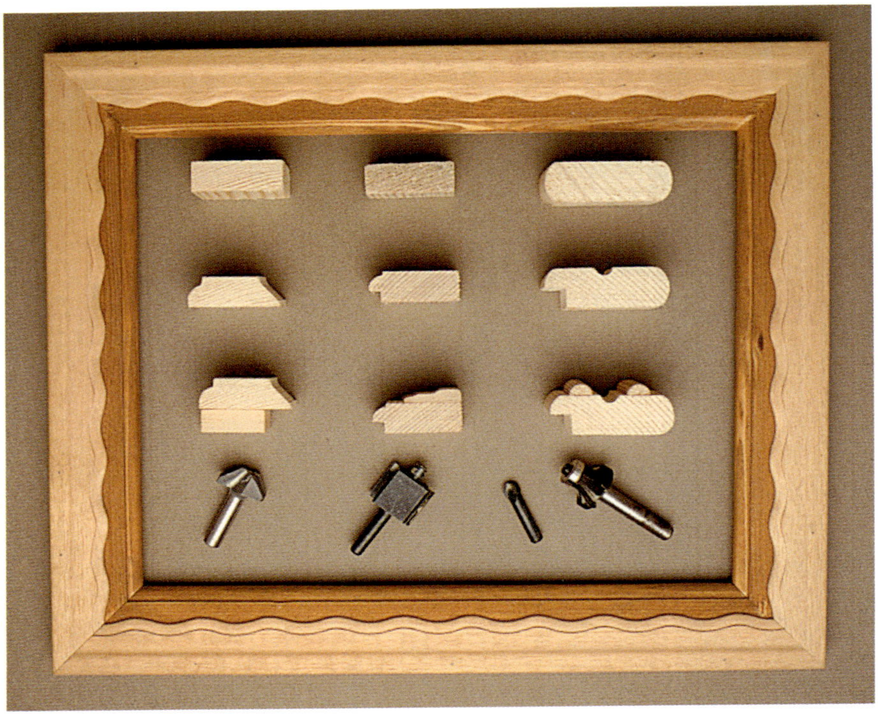

Bild 65 Durch Bearbeitung von Rechteckleisten verschiedener Dimensionen mit einer Oberflächenfräse und entsprechenden Fräsen lassen sich durch Kombination mit Aufsatz-, Glas- und Dekorleisten verschiedene Rahmen herstellen. Der auf dem Foto gezeigte Rahmen wurde aus der mittleren Leistenkombination angefertigt.

Bild 67
Rosina Wachtmeister – „Famiglia dei Gatti", Verkerke-Kunstdruck, Privatbesitz, Wien

Der Liebreiz des Bildes von Rosina Wachtmeister würde unter einem rechteckigen Rahmen wahrscheinlich leiden. Durch die besondere Formwahl des Rahmens, großzügige Versilberung des Schrägschnittpassepartouts und farblich abgestimmte, dezente Rahmengestaltung wirkt dieses stimmungsvolle Bild auf den Betrachter optimal.

Bild 66 Zum hübschen Bild aus Naturmaterialien, angefertigt von Eva Uhlik, wurde ein rustikaler Rahmen in Naturfarben verwendet. Er entstand durch Bearbeitung einer Rechteckleiste in Kombination mit einer Aufsatzleiste (siehe Bild 65).

Oberflächenbehandlung

In einigen Fällen mag die rohe Struktur des Holzes am besten Ihren Anforderungen entsprechen. Dann sollten Sie dem glatt beschliffenen Rahmen nur ein schützendes Finish geben. Dies kann zum Beispiel eine mehrmals dünn aufgetragene Glanz- oder Mattlackschicht sein. Bei hellen Holzarten bzw. hell bemalten oder lackierten Leisten ist dies nicht zu empfehlen, da auch ein farbloser Lack nicht wirklich ohne Farbpigmente ist und sich diese Lackierung im Laufe der Jahre durch Einwirkung der Sonneneinstrahlung zunehmend gelblich verfärbt. In diesem Fall stellt die Verwendung von **Zaponlack** aus der Sprühdose sicherlich die dauerhaftere Methode dar. Eine andere Möglichkeit, die Holzstruktur zu unterstreichen, ist die **Beize**. Diese gibt es in verschiedenen Holztönen und vielen Farben. Sie verleiht der Leiste eine Pigmentierung, läßt aber Maserung, Holzstruktur, Äste usw. durchscheinen. Durch verschiedenfarbigen Beizeauftrag entstehen besondere Effekte (siehe Seite 71).
Wer es lieber etwas mehr „bio" haben will, kann seine Rohleiste mit **Leinöl** einlassen und anschließend mit speziellen **Holzwachsen** versiegeln. Die auf diese Art behandelten Rohleisten duften dann nicht nur herrlich, sondern weisen auch Wasser und Schmutz ab. (Bild 68)
Wozu auch immer Sie sich entscheiden, bevor Sie den verleimten Rahmen weiter bearbeiten, prüfen Sie ihn auf Holzfehler, Astlöcher, abgeschlagene Ecken, unsaubere Gehrungsschnitte und Nagellöcher. Bessern Sie alle Schäden mit Holzpaste aus der Tube (in verschiedenen Holzfarben erhältlich) gewissenhaft aus, und überarbeiten Sie den ganzen Rahmen mit feinem Schleifpapier (Körnung 280), um ihn für die weitere Behandlung optimal vorzubereiten.

Bild 68 Mögliche Oberflächenfixierungsarten hell bemalter und roher Leisten: Bio-Antikwachsschicht oder Sprühlack auf Rohleisten und lasierten Rahmen. Nicht gilbender Zaponlack, Nitro-Lack (matt oder glänzend) oder Firnis auf hell bemalten Leisten.

Uhlik – „Vier Jahreszeiten",
Mischtechnik, Privatbesitz der Künstlerin

Vier verschiedene Jahreszeiten, vier verschiedene Stimmungen, vier verschiedene Ausführungsmöglichkeiten – jedoch eine gemeinsame Rahmenart. Die Zusammengehörigkeit dieser Bildserie wird allein durch Format und Art der Oberflächengestaltung (siehe „Marmoriertechnik", Seite 81) der Rahmen erreicht. Basis ist eine rohe, aufwendig strukturierte Bilderrahmenleiste aus Fichtenholz, die farblich auf die jeweiligen Bilder und Passepartouts (mit verschiedenen Blattmetallarten vergoldet) abgestimmt und mit Plaka-Farben grundiert ist.

Schleifmittel

Schleifpapier, Schleifklotz, Schleifkissen, Bandschleifer

Für Arbeiten mit dem Schleifklotz bietet sich Trockenschleifpapier in Rollen an. Entscheidend ist die Wahl der passenden Körnung. Wenn Sie etwa drei Sorten zu Hause haben (zum Beispiel Nr. 40, 180, 280), so sind Sie gut ausgerüstet. Je nach Bedarf arbeiten Sie mit oder ohne Schleifklotz. Für Schleifarbeiten besonders im Gehrungsschnittbereich und bei stärkerer Leistenprofilierung verwenden Sie am besten sich anschmiegende Schleifkissen. Der auf dem Arbeitstisch montierte Bandschleifer eignet sich durch seine große Auflagefläche besonders zum Glätten breiter, ebener Rahmenprofile (zum Beispiel bei der Rahmung „Kuß" und „Die Frauen von Algier"). Auch Unebenheiten auf den Rahmenrückseiten, die durch ungenaue Verleimung im Gehrungsbereich entstanden sind, lassen sich damit sehr gut korrigieren.
Geschliffen wird prinzipiell in Richtung der Holzmaserung. Begonnen wird mit etwas gröberem Schleifpapier, zum Abschluß verwendet man ganz feines.

TIP *Um besonders fein beschliffene Leisten zu erhalten, werden diese vor dem Schleifen etwas befeuchtet. Dadurch stellen sich die feinen Holzfasern auf; diese können dann nach dem Trocknen gut abgeschliffen werden.*

Einarbeiten von Strukturen

Man kann in das Rahmenprofil mit unterschiedlichen Techniken und Werkzeugen zusätzliche Strukturen einarbeiten.
Das Einarbeiten von Strukturen erfolgt mit Hilfe verschiedener Werkzeuge, wobei es im wesentlichen an Ihrer Phantasie liegt, immer wieder neue Kratz- und Schabwerkzeuge für diesen Zweck zu entdecken bzw. eigenes Werkzeug herzustellen, um neue Effekte zu erzielen.
Wenn Sie vorhaben, in einen Rahmen Strukturen einzuarbeiten, ist es je nach gewählter Methode in gewissen Fällen ratsam, bereits bei der Auswahl der Leisten darauf Rücksicht zu nehmen. Greifen Sie zu für diesen Zweck besonders gut geeigneten Holzarten (siehe Kapitel „Hartholz – Weichholz – Tropenholz", Seite 21), da die Bearbeitung von billigen Fichtenholzleisten meist nicht zum gewünschten Ergebnis führt.

Praktische Anregungen zum Einarbeiten von Strukturen

In diesem Kapitel erhalten Sie nähere Informationen darüber, wie Sie einen Rahmen durch das Einarbeiten von Strukturen gestalten können. Die verschiedenen Möglichkeiten sind beliebig kombinierbar und sollen die Basis zu diesem Thema bilden. Unter Berücksichtigung einiger grundlegender Kenntnisse und mit wachsender Erfahrung bezüglich dieses Themas sind Sie für Experimente bestens vorbereitet und in der Lage, neue Ideen in die Praxis umzusetzen.

Schnitzen

Für Schnitzarbeiten gibt es einige besonders geeignete Holzsorten. Bei der Selbstanfertigung von Leisten verwende ich gerne Lindenholz. Da es beim Holzhändler keine fertigen Profile in dieser Holzart gibt, rate ich Ihnen Ramin, Ahorn, Erle oder eine gute Fichtenqualität zu wählen. Ebenso wichtig ist aber auch das passende Werkzeug. Die Investition in einige wenige, qualitativ hochwertige Schnitzeisen ist in der Regel weit lohnender als der Kauf eines vielteiligen Sets zum selben Preis, da handgeschmiedeter Spezialstahl eine besonders hohe Lebensdauer gewährleistet. Die verschieden geformten Schnitzmesser gibt es einzeln oder in Sets im Baumarkt. Es geht hier zu weit, die Vielseitigkeit des Schnitzens zu besprechen. Für unseren Verwendungszweck beschränke ich mich auf die Darstellung einiger einfach auszuführender Techniken zur Herstellung unterschiedlicher Effekte.

Elementare Ratschläge

- ▶ Gewöhnen Sie sich gleich von Anfang an daran (wegen der Verletzungsgefahr), nicht direkt zum Körper hin zu arbeiten.
- ▶ Breiten Sie über die Oberschenkel eine dicke Decke oder einen Lederschurz, falls Sie einmal mit dem Schnitzeisen abrutschen sollten.
- ▶ Üben Sie die Schnitztechnik zuerst auf einem Leistenrest gleicher Holzart. Nur so können Sie ein Gefühl für die geplante Arbeit erlangen. (Bild 69)
- ▶ Arbeiten Sie mit möglichst konstantem Druck, und halten Sie das Messer in gleichbleibendem Winkel zur Leiste, um nicht zu tief in die Oberfläche einzudringen. Die Kurventechnik will geübt sein!
- ▶ Durch Einspannen des Werkstückes in einen Schraubspanner sind beide Hände frei, um das Schnitzeisen zu führen, was für eine parallele Messerführung unerläßlich ist.

Werkzeug/ Material
Set verschiedener (Kerb-)Schnitzmesser, eventuell Holzschlegel, Schraubspanner

Anleitung
Wichtig beim Schnitzen dieser Einsatzrahmenleiste ist die möglichst parallele, regelmäßige Führung des Werkzeuges, die durch Verwendung eines Schraubspanners wesentlich erleichtert wird. Arbeiten Sie in

Bild 69 Eine von vielen Möglichkeiten, die Schnitztechnik anzuwenden, stellt die zusätzliche Strukturierung einer Rahmenleiste vom Holzhändler dar. (Achtung: Holzarten beachten!)

fließenden, langen Zügen, um ein „Abhacken“ kleiner Teile zu vermeiden. Die Schläge mit dem kleinen Holzschlegel sollen gefühlvoll ausgeführt werden; das Schnitzeisen darf nicht zu tief in die Leiste eindringen, damit ein sauberes, regelmäßiges Muster entsteht. Das fertig gerahmte Ölbild „Markt in der Karibik“ ist auf Seite 62/63 zu sehen.

Die in diesem Bild vorhandene markante Linienführung wird im sonst schlichten Rahmen übernommen.

Bild 70 Für die Strukturierung dieser Einsatzrahmenleiste ist ein Schnitzeisen mit 3-mm-U-Profil verwendet worden.

Künstler unbekannt –
„Markt in der Karibik",
Acrylfarben auf Leinwand,
Privatbesitz P. Malle, Wien

Dieses Bild eines unbekannten Straßenmalers aus der Karibik besticht durch seine intensive Farbgebung und den flächigen Bildaufbau. Die Entscheidung, eine sehr einfache, glatte Rahmenleiste zu verwenden, basiert auf dem Umstand, daß der Maler dieses Bildes mit ebenso schlichten Formen gearbeitet hat. Die intensive Wölbung der Leiste verleiht dem Bild eine gewisse Tiefenwirkung. Die verwendete Halbrundstableiste mit einem Durchmesser von 5 cm hat sich für die Bildgröße von 75 mal 100 cm als ideal erwiesen, die dazugeleimte Rechteckleiste von 3 mal 4 cm läßt den benötigten Keilrahmen, auf dem das Ölbild aufgespannt ist, komplett im Rahmen verschwinden. Die Bemalung mit Acrylfarben entspricht genau den Farbtönen des Bildes, die feinen schwarzen Abgrenzungen der Farbflächen zueinander finden sich auch in der Leiste wieder.

Auf dem Detailfoto vom Rahmen des Kunstdruckes „Fritza Riedler" von G. Klimt ist zu erkennen, wie mit Hilfe eines Schnitzmessers mit etwa 2 mm breitem U-Profil die Girlandenornamente des Bildes auf dem Rahmen fortgesetzt werden können. (Bild 71, 72)

Bild 71 Detailaufnahme: Rahmung für Verkerke-Kunstdruck „Fritza Riedler" von *Gustav Klimt* als mögliche Anwendung der Schnitztechnik

Schlagen

Werkzeug/ Material
Verschiedene Arten von Gliederketten

Auch wenn Sie sich vielleicht wundern, das ist eine gute Methode, die Leisten neuer Bilderrahmen rasch altern zu lassen! Wenn ein Rahmen alt aussehen soll, genügt es nicht nur, die Farbgebung der Oberfläche danach zu wählen. Alte oder rustikale Rahmen wirken vor allem dadurch, weil die klaren Formen des Originalprofils abgestoßen sind. Eine einfache und preiswerte Methode, dies zu erreichen, ist das Schlagen verschiedener Ketten auf den fertigen Rahmen. Die dabei entstehenden Abdrücke und Schrammen bilden die Grundlage für die Herstellung „auf alt getrimmter" Rahmen. Die im Folgekapitel gezeigte Bearbeitungsform „Kratzen" sowie die Verwendung von Partina oder Reißlack stellt dazu die ideale Ergänzung dar.

Schleifen

Werkzeug/ Material
Schleifklotz, grobes Schleifpapier

Schleifpapier kann nicht nur zum Glätten von Oberflächen verwendet werden, sondern es kann auch das genaue Gegenteil bewirken. Mit sehr grob gekörntem Papier gelingen ähnliche Effekte wie beim Raspeln, aber feiner und unregelmäßiger in der Struktur. Im Gegensatz zum Glattschleifen kann hier auch quer zur Maserung gearbeitet werden.

Kratzen, Bürsten, Raspeln

Die hier gezeigten Kratzwerkzeuge sowie die damit hergestellte Strukturierung stellt nur einen kleinen Teil der Möglichkeiten dar. Schauen Sie sich in Ihrem Haushalt und beim Baumarkt um, Sie werden mit der Zeit viele andere Werkzeuge und Techniken entdecken!

Bild 73 Rohleisten wird durch die Bearbeitung mit verschiedenen Kratzwerkzeugen oder einer Raspel eine Struktur verliehen. Die Sockelleiste auf dem Foto wurde aus Fichtenholz hergestellt und mit einem Putzkratzer (vom Bau) bearbeitet.
Die entstandenen tiefen Riefen werden anschließend beschliffen. Danach wird die Leiste zu einem Einsatzrahmen verarbeitet.

Bild 72 G. Klimt – „Fritza Riedler" – Interpretation, Verkerke-Kunstdruck, Privatbesitz der Familie Herold, Wien

Diese Rahmung stellt ein typisches Beispiel einer Gesamtlösung dar: die Einheit von Bild und Rahmen bis zur letzten Konsequenz. Die Wirkung des Rahmens beruht in dieser Interpretation nicht auf der Abgrenzung des Bildes zur Außenwelt, sondern verleiht der Darstellung eine Dynamik, die sie förmlich zur Anwesenden werden läßt. Die Abgrenzung kann nur durch den neutralen Untergrund des Raumes erfolgen.
Das für diesen Zweck schlicht gehaltene Leistenprofil lebt ganz von der Oberflächenstrukturierung, welche die Plastizität des Rahmens ausmacht.
Die 45°-Abschrägung (Fase) an der Innenkante sowie die abgerundeten Außenkanten unterstützen den Eindruck der Einheit von Bild und Rahmung.
Die in diesem Fall verwendeten Techniken der Oberflächenbearbeitung wie Schnitzen, Vergolden, Aufbau von Strukturen und Farbschichten werden im Arbeitsteil in den jeweiligen Kapiteln erläutert.

Werkzeug/ Material
Farbkratzer, Edelputzkratzer, Holzraspel

Anleitung
Versuchen Sie, die Holzraspel mit sanftem Druck in möglichst gleichmäßigen Zügen über die Leiste zu ziehen. Mit Kratzwerkzeugen arbeitet man meist weniger flächig. Die härteren Holzstrukturen bleiben stehen, die weicheren Holzteile werden heruntergekratzt, und es entstehen Vertiefungen. Die mit einem Kratzwerkzeug bearbeitete Leistenoberfläche sollte vor der weiteren Behandlung mit einem feinen Schleifpapier (Körnung 180 und feiner) leicht beschliffen werden, um die gröbsten Grate zu glätten. (Bild 73)

TIP *In die tieferen Grate kann Kalkpaste (Farbenfachhandlung) eingerieben werden, was die Tiefenwirkung durch das Bürsten oder Kratzen verstärken kann.*

Holzwürmer und Wurmlöcher

Künstlich angefertigte Wurmlöcher

Werkzeug/ Material
Hammer, Zange, dünner Nagel

Anleitung
Am Rande sei hier noch der Wurmlocheffekt erwähnt. Falls Sie mit künstlich hergestellten Löchern zufrieden sind, schlagen Sie einfach einen dünnen Nagel in unregelmäßigen Abständen ein kleines Stückchen ins Holz ein und ziehen ihn mit der Hand oder einer Zange möglichst gerade wieder heraus, um das entstandene Loch nicht zu deformieren. Diese „Fraßgänge" wirken aber bei genauerer Betrachtung unecht, da sie zu gleichmäßig sind und gerade nach innen führen.
Um eine möglichst naturgetreue Imitation von Wurmlöchern zu erzielen, gibt es einige relativ mühsame Methoden. Wesentlich bequemer und effektvoller ist es, diese Arbeit einfach den Würmern zu überlassen. Fertigen Sie Rahmenleisten aus echt altem, leicht wurmstichigem Holz an! Da die alleinige Oberflächenbehandlung oder Lackierung der Leiste nicht ausreicht, die Würmer abzutöten, stelle ich Ihnen einige Möglichkeiten vor, wie Sie die unliebsamen Gäste sicher loswerden.

Beseitigung von Holzwürmern – 1. Möglichkeit

Werkzeug/ Material
Alte Holzleisten, Holzwurm-Ex, Holzpaste oder Wachskitt

Anleitung
Ein wirklich zuverlässiges Mittel für den Privatgebrauch ist das in Baumärkten erhältliche Holzwurm-Ex. Das Mittel wird mit Hilfe der feinen Düse direkt in die Bohrlöcher gesprüht. Durch Versiegelung der Wurmlöcher mit Holzpaste oder Wachskitt (natürlich nicht auf der Rahmenansichtseite!) kann eine zusätzliche Wirkungssteigerung erzielt werden (Bild 74)

Beseitigung von Holzwürmern – 2. Möglichkeit

Diese Methode klingt etwas eigenartig, ist aber für Leisten aus unbehandeltem Rohholz durchaus effektiv.

Werkzeug/ Material
Wurmstichige Holzleisten, Backofen

Anleitung
Die fertig zugeschnittenen, bis etwa 60 cm langen Leisten legen Sie in mittlerer Höhe quer auf den Gitterrost in den Backofen. Dort bleiben sie bei 250 °C etwa eine halbe bis dreiviertel Stunde (je nach Leistendicke), bis alle Würmer gar sind. Es kommt vor, daß sich das Holz durch die Hitze etwas verfärbt, was aber durch die folgende Oberflächenbehandlung kaschiert wird.

TIP *Der Flammpunkt von Holz liegt zwar wesentlich höher als bei 250 °C, bleiben Sie jedoch aus Sicherheitsgründen trotzdem in der Nähe des Backofens.*

Bild 74 Die Verwendung von Holzwurm-Ex ist natürlich auch für die Restauration alter, wurmstichig gewordener Rahmen zu empfehlen.

Nach dieser Hitzebehandlung sind die Rahmenleisten ausgetrocknet, und die Gehrungsschnitte klaffen eventuell an den Außenkanten auseinander (siehe Seite 22). Die Leisten müssen sich erst der üblichen Raumfeuchtigkeit wieder anpassen. Packen Sie die Leisten einen Tag in angefeuchtete Tücher, um diesen Prozeß zu beschleunigen. Vor der weiteren Oberflächenbehandlung (zum Beispiel Grundierung) geben Sie den Leisten einige Tage Zeit, sich an normales Raumklima anzupassen. Fügen sich die Gehrungsschnitte wieder exakt zusammen, ist die gewünschte Holzfeuchtigkeit erreicht.

Beseitigung von Holzwürmern – 3. Möglichkeit

Die mit Abbeizmittel gefüllten Tauchbecken von Möbelrestauratoren dienen nicht nur zur Entfernung alter Lackschichten auf ganzen Möbelstücken, sondern töten gleichzeitig auch sämtliche Holzwürmer ab – ein positiver Nebeneffekt.
Die aus in dieser Weise behandelten Bretter angefertigten Rahmenleisten wirken sehr rustikal und sollten nur mehr mit Antikwachs behandelt werden. Der fertige Rahmen besticht dann durch schlichte Schönheit.

Aufbau von Strukturen

In diesem Fall dient die Leiste für die zu gestaltende Oberfläche als Unterlage, wobei die Möglichkeiten von der dicken Farbauftragung bis zur reichhaltigen Strukturierung der Rokokoleisten reichen. Auch das Aufsetzen verschiedener Schnitz- oder Dekorleisten zählt zu möglichen Varianten. Die Holzart ist von nicht so wesentlicher Bedeutung. Bedingt durch verschiedene Techniken und Materialien kann es aber zu gewollten und ungewollten Oberflächenrissen kommen. Sie sollten daher bei der Leistenwahl darauf achten, daß Sie „ruhigeren", astärmeren Holzarten den Vorzug geben sollten, um Spannungsrisse in der aufgebauten Struktur bzw. in Rahmenverwindungen nicht zusätzlich zu fördern.

Praktische Anregungen zum Aufbau von Strukturen

Der Aufbau läßt sich prinzipiell in drei Schritte unterteilen.
Zuerst einmal wird auf den fertig verleimten und vorgeschliffenen Rahmen eine Grundierung aufgetragen. Sehr gut geeignet ist dafür der Aquatec-Gessogrund vom Künstlerbedarfsgeschäft oder ein weißer, schnell trocknender Acryl-Vorlack vom Baumarkt. Bevorzugen Sie die schadstoffarmen wasserverdünnbaren Grundierungen, bei denen außerdem eine Reinigung der Malutensilien mit Wasser möglich ist. Danach entsteht der eigentliche „Aufbau".

Der dritte Schritt – und damit der wesentliche – ist die Herstellung von Strukturen im erfolgten Aufbau. Maßgeblich dafür sind sowohl das verwendete Werkzeug, die Konsistenz und die Abbindezeit des Aufbaumaterials sowie Ihr handwerkliches Geschick und Ihre Freude daran, neue Materialien und Werkzeuge zu entdecken. Machen Sie sich auch über die anschließende Weiterbehandlung des Rahmens Gedanken, da manche Techniken mit einer Acrylgrundierung abschließen. Bei der Aquatec-Methode entsteht beispielsweise eine Oberfläche, die nicht mehr weiter bearbeitet werden muß.

Verschiedene Vorschläge für den Strukturaufbau

- ▶ Vorgefertigte Zierelemente z. B. aus Holz, Gips oder Wachs (Rosetten, Dekorleisten usw.) sowie diverse Schmucksteine und Metallbeschläge werden angebracht.
- ▶ Ein Aquatec-Acrylfarbauftrag wird unverdünnt direkt aus der Tube aufgetragen. Eine verstärkte Struktur entsteht durch Beimischung von Modellierpaste. Es wird mit einer Zahnspachtel oder einem Kamm geformt.
- ▶ Kunstharz-Spachtelmasse wird mit einem groben Kammstück „durchpflügt".
- ▶ Wasserverdünnbare Holzpaste aus der Dose wird mit einem Spachtel aufgetragen und in Form gebracht. Mit ein wenig Spürsinn werden Sie mit der Zeit sicherlich noch andere Möglichkeiten entdecken.

TIP *Der von verschiedenen Materialien gebildete Strukturaufbau, wie er in den folgenden Kapiteln erläutert wird, unterliegt vor allem im Bereich der Gehrungsschnitte gewissen Spannungen. Um Beschädigungen zu vermeiden, ist die überdeckende Bearbeitung von Gehrungsschnitten nur dann ratsam, wenn Sie unsichtbar in die Struktur eingebettet ein spezielles Gitternetz (wie es im Baugewerbe etwa bei der Verlegung von Rigipsplatten verwendet wird) einarbeiten.*

An den Musterbeispielen „Der Kuß", „Die Frauen von Algier" sowie „Der Einsiedler" erkennen Sie einige der folgenden Bearbeitungsvarianten.

Rosetten und andere Dekorelemente

Rasch und einfach funktioniert der Strukturaufbau zum Beispiel mit vorgefertigten Holzdekorleisten, Holzrosetten oder Zierrat aus Gips und Wachs. Diese Teile werden entweder auf den rohen Rahmen geleimt und mit feinen Tapetenleistenstiften angenagelt oder mit Sekundenkleber fixiert. Nach einer Grundierung kann die weitere Rahmengestaltung fortgesetzt werden.
Im Gegensatz dazu werden Halbedelsteine, Muschelstücke, Glasperlen, Straß u.ä. sowie verschiedene Metallzierteile wie Beschläge oder Stilecken erst auf die fertige Rahmenoberfläche aufgesetzt.

Reliefartiger Farbauftrag mit Modellierpaste

Geplante Arbeit
Dekoration eines Einsatzrahmens
Werkzeug
Pinsel, Kunststoffkamm
Material
Grundierung, Aquatec-Modellierpaste, Acrylfarben in Iridescent Gold, Rot und Elfenbeinschwarz, Jel-Pastos-Medium, Wischmetall in Gold, Tuch, Firnis
Allgemeine Anleitung
Die Modellierpaste (aus dem Künstlerbedarfsgeschäft) kann mit dem Kittstreicher direkt auf den mit einer Grundierung versehenen und geschliffenen Rahmen glatt aufgetragen und mit einem Kamm strukturiert werden. Nach dem Trocknen wird die Masse mit Acrylfarbe im gewünschten Farbton übermalt. Hier ist Acrylfarbe Elfenbeinschwarz verwendet worden, die erhabenen Strukturen werden nach Trocknung mit Wischmetall hervorgehoben. (Bild 75)
Die ein wenig teurere, aber in unserem Beispiel einfachere Methode besteht in der Mischung aus einer entsprechenden Menge Modellierpaste und Acrylfarbe Iridescent Gold.
Die Modellierpaste wird aufgetragen und mit einem breiten Pinsel mit synthetischen Fasern auf der bereits farbig bemalten Oberfläche verteilt. Der Zusatz von Jel-Pastos-Medium (erhältlich im Künstlerbedarfshandel) bewirkt bessere Geschmeidigkeit und verstärkte Leuchtkraft. (Bild 76)
Schneiden Sie den Kamm etwa in der Mitte bzw. dort, wo die feinen Zähne in die groben übergehen, entzwei, und entfernen Sie den dickeren „Eckzahn". Je nach gewünschtem Muster verwenden Sie einen der beiden Kammteile, um von einer Ecke ausgehend, mit möglichst gleichmäßigen Bewegungen das Muster herzustellen.
Die fertige Rahmenoberfläche fixieren Sie mit Firnis.

TIP *Falls es Ihnen nicht möglich sein sollte, diesen Arbeitsvorgang zügig abzuschließen (zum Beispiel bei sehr großen Rahmen), kann durch Zusatz von Aquatec-Retarder (aus dem Künstlerbedarfsgeschäft) der Trocknungsprozeß um zwei bis sechs Stunden hinausgezögert werden. Ein unterschiedlicher Trocknungsgrad der Modellierpaste hat natürlich auch ein unterschiedliches Muster zur Folge.*

Anleitung für Wellenmuster
Wollen Sie ein Wellenmuster herstellen, drücken Sie die grob gezahnte Kammseite bis zum Leistengrund in die Masse und ziehen diese mit wellenförmigen Bewegungen durch. Vor jedem neuerlichen Ansatz müssen Sie die Kammzähne reinigen. Nach Trocknung ist eine Bemalung mit Acrylfarben möglich (siehe Rahmung für das Bild „Tagwache", Seite 80).

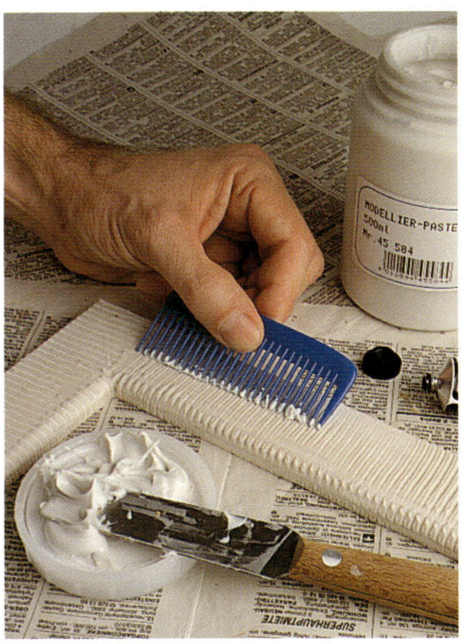

Bild 75 Strukturierung eines Einsatzrahmens mittels Modelierpaste und Kamm.

Bild 76 Je nach gewünschtem Muster verwenden Sie einen der beiden Kammteile zur Strukturierung der Oberfläche.

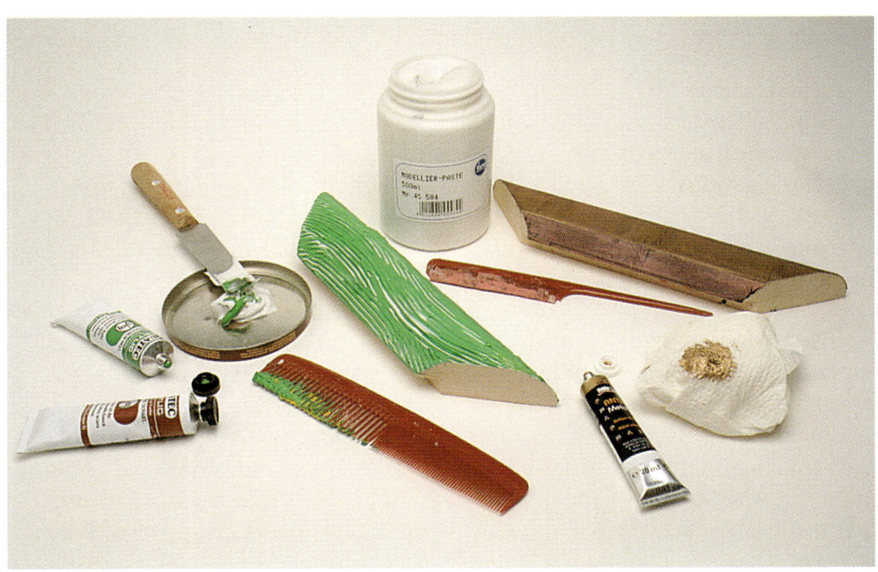

Bild 77 Diese beiden Strukturen sind aus einer Mischung aus Acrylfarben und Modellierpaste und zwei verschiedenen Kämmen entstanden (siehe auch Bild „Tagwache").

Anleitung für feineres Muster
Für eine feinere Strukturierung erfolgt zuerst eine Bemalung des Rahmens mit elfenbeinschwarzer Acrylfarbe. Darüber wird Modelliermasse, vermischt mit roter Acrylfarbe, aufgetragen. Nun strukturieren Sie diese mit der fein gezahnten Kammseite. Dabei bewegen Sie den Kamm mit festem Druck in möglichst parallelen Bahnen, wodurch der schwarze Untergrund wieder teilweise freigelegt wird. Nachdem die Modelliermasse getrocknet ist, wird mit einem Tuch die Strukturierung mit Wischmetall in Gold akzentuiert und damit die Rotfärbung wieder teilweise abgedeckt. Auf dem Foto ist am Fasenteil noch die strukturierte Leiste vor der Vergoldung zu sehen. (Bild 77)
Die mit Farben bzw. Modelliermasse hergestellten Strukturen benötigen – im Gegensatz zu den folgenden beiden aus Kunstharz-Spachtelmasse und Holzpaste hergestellten Strukturbeispielen – für den Innenbereich eigentlich keine weitere Oberflächenbehandlung. Es kann aber ein unsichtbarer Schlußfirnis aufgetragen werden.
Die mit Modelliermasse angefertigte Strukturierung ist ausgehärtet sehr widerstandsfähig, blättert nicht ab und zeigt keine Rißbildung.

TIP *Die Pinsel sollten sofort nach Gebrauch in Wasser ausgewaschen werden. Aquatec Acrylfarben sind wasserverdünnbar, eingetrocknete Farbe jedoch nicht entfernbar.*

Rillen in Kitt

Wollen Sie nur Teile des Rahmens mit Kunstharz-Spachtelmasse bedecken, ist es praktisch (bei eingelegtem Bild), jeweils die gewünschten Umrisse mit einem Bleistift auf dem fein geschliffenen und grundierten Rahmen anzuzeichnen. Anschließend wird das Bild aus dem Rahmen entfernt.

Geplante Arbeit
Rahmen wie im Beispiel „Der Einsiedler“, E. Zdrahal, Seite 70

Werkzeug/ Material
Spachtel, Kittstreicher, grober Kammteil oder grober Zahnspachtel, Bleistift, Kunststoffgitternetz, Kunstharz-Spachtelmasse, Tuch

TIP *Damit dick aufgetragene Spachtelschichten (vor allem im Gehrungsbereich) durch Spannungen im Holz nicht abspringen, sollte ein dünnes Kunststoffgitternetz (Zubehör für die Rigipsplattenverlegung, Baustoffhandel) mitverarbeitet werden. Die eventuell beim Trocknen entstehenden leichten Haarrisse dürfen jedoch nicht stören, sondern stellen einen hübschen Nebeneffekt dar.*

Anleitung
Setzen Sie mit Hilfe des Spachtels den zähen Kitt auf die markierten Rahmenteile, und drücken Sie diese Masse fest an den Rahmen, damit eine stabile Verbindung entsteht.
Ziehen Sie mit dem Kittstreicher den Kitt in alle Richtungen, bis die gewünschte Form bedeckt ist. Dann verstreichen Sie den Kitt so, daß die Schicht überall annähernd gleich dick ist und keine Spitzen abstehen.
Bei Bearbeitung größerer Flächen ist es ratsam, nur einen Teil der gewünschten Fläche mit Kitt zu bestreichen. Richten Sie sich mit der Einteilung nach dem geplanten Strukturverlauf, um Unterbrechungen innerhalb eines Musterbildes zu vermeiden. Die Kittoberfläche bildet rasch eine dünne Haut, was eine gleichmäßige Bearbeitung und Musterbildung erschwert. (Beim Rahmenbeispiel auf dem Foto wurde mit weißer Kittmasse schwarz eingefärbt, um die erzielte Strukturierung besser sichtbar zu machen.)
Durch stetiges Aufdrücken des Kammteiles bis zum Rahmenholz wird eine gleichmäßige Furchentiefe erzielt. Die Furchenabstände passen Sie dem Motiv des Bildes an, um eine gewisse Perspektive zu erzielen. (Bild 78)
Wischen Sie überschüssigen Kitt zwischendurch immer mit einem Tuch vom Kammstiel ab, um eine tiefgründige und saubere Struktur zu erreichen.
Regelmäßigere Furchen lassen sich mit einem breiteren Kammstück herstellen. Durch Verwendung eines Zahnspachtels wird auch die Strukturtiefe vereinheitlicht, sofern man bis zum Leistengrund aufdrückt.

Bild 78 Bei diesem Rahmen wird mit einem einzelnen derben Kammzinken oder etwas Vergleichbarem das gewünschte „Erdfurchenmuster“ hergestellt.

TIP *Sie können sich die Arbeit sparen, Rahmenteile, die später sowieso von Kitt bedeckt werden, gewissenhaft fein zu schleifen oder dort Löcher auszubessern.*

Bild 79 Zdrahal – „Der Einsiedler" – Mischtechnik, Privatbesitz Dr. Garscha, Wien

Dieses Bild verlangt nach einem gleichermaßen schlichten wie auch die Ausdruckskraft und den Titel dieses Bildes hervorhebenden Rahmen. Die Holzleiste hat ein glattes Profil, welches auf der Innenseite zum Bild hin durch die 45°-Fase (Abschrägung) sowie durch die abgerundeten Außenkanten zur Umgebung hin einen gleitenden Übergang herstellt. Dieser Übergang wird zwischen Bild und Rahmen durch das sich harmonisch einfügende, Ruhe und Abgeschiedenheit des kleinen Häuschens hervorhebende Echt-Bütten-Passepartout zusätzlich betont. In der durch Strukturierung der Kunstharz-Spachtelmasse hergestellten starken Profilierung der unteren Rahmenhälfte wurden Farbgebung und Struktur der Ackerfurchen fortgesetzt.

Spachteln mit Holzpaste

Geplante Arbeit

Rahmen wie im Beispiel „Die Frauen von Algier" nach P. Picasso von B. Wieser, Seite 40

Werkzeug/Material

Kittstreicher oder mittelbreiter Spachtel, wasserverdünnbare Holzpaste aus der Dose, Bleistift

Anleitung

Drücken Sie die Holzpaste mit dem Spachtel fest an den Rahmen, um eine gute Verbindung herzustellen. Sollte Ihnen die Konsistenz nicht zusagen, verdünnen Sie die Paste mit etwas Wasser. Durch rechtzeitiges Wegkratzen überschüssiger Paste werden die seitlichen Umrisse der gewünschten Form bestimmt. (Bild 80)
(Bild 81)
Es gibt viele Möglichkeiten, der Paste die gewünschte Oberflächenstruktur zu geben. Die Masse kann zum Beispiel mit einem Spachtel gestrichen, gezogen und gehoben werden. Auch Abdrücke von Vorhangsstoff sind möglich.
Falls erwünscht, läßt sich diese Masse auch sehr gut zum Beispiel mit einem Zahnspachtel, Kamm oder ähnlichem strukturieren. Da die Holzpaste wasserverdünnbar ist, lassen sich bereits durch geringfügige Veränderung der Konsistenz neue Effekte mit verschiedenen Werkzeugen herstellen. Probieren Sie es doch aus!
Nachdem die Paste vollständig getrocknet ist, was je nach Dicke und Temperatur sogar ein bis zwei Tage dauern kann, läßt sie sich wie Holz weiter bearbeiten. Bevor Sie die Oberflächengestaltung fortsetzen, sollte der Rahmen daher einmal fein überschliffen werden und eine Gesso- oder Acryl-Grundierung erfolgen. Dieser Anstrich glättet die Oberfläche und bildet eine gute Basis für die weitere Gestaltung.

Bild 80 Auf den geschliffenen und mit Grundierung behandelten Rahmen wird mit Hilfe des Spachtels die zähflüssige Holzpaste an den mit Bleistift markierten Stellen hingesetzt.

Bild 81 Beginnen Sie mit der Herstellung der Form. Die Holzpaste läßt sich in einem Arbeitsgang mehrere Millimeter dick auftragen, ohne abzuspringen.

Beizen

Mit Beizen können Sie Rohholzleisten verschiedenfarbig pigmentieren, bei denen entweder eine durchscheinende Holzmaserung oder ein dunkler Grund unter einer Tönung erwünscht ist. Die sichtbare Maserung auf Holzleisten wird durch Auftrag eines seidenmatten Sprühlacks oder einer Antik-Wachsschicht bewirkt. Falls die Maserung nicht sichtbar sein soll, wird anschließend eine Tönung oder nach Strukturierung (zum Beispiel Kratzen) ein neuerlicher Beizeauftrag in einer anderen Farbe vorgenommen.

TIP *Um eine möglichst „seidige" Rahmenoberfläche zu erhalten, ist es ratsam, vor der Tönung die Leiste anzufeuchten und nach dem Trocknen mit sehr feinem Schleifpapier zu glätten.*

Werkzeug/Material

Mittelbreiter Flachpinsel, 2 möglichst verschiedenfarbige Holzbeizen, Zeitungspapier, gut saugendes Tuch

Anleitung

Legen Sie den Bilderrahmen auf das Zeitungspapier. Die gründlich aufgeschüttelte Beize wird mit einem Flachpinsel satt auf die gewünschte Rahmenfläche aufgetragen.
(Bild 82)
Arbeiten Sie immer naß in naß, und entfernen Sie überschüssige Farbe mit dem Pinsel in Richtung der Holzmaserung. Am nächsten Tag wird die Leiste mit einem gut saugenden Tuch poliert und somit auf eine weitere Behandlung vorbereitet.

Bild 82 Die Leistenfärbung mit verschiedenen Beizetönen ermöglicht die Anpassung der Rahmenleisten an verschiedene Erfordernisse.

Bild 83 Durch Strukturierung der gebeizten Leiste mit Kratzwerkzeugen und einem Beizeauftrag in einer Kontrastfarbe oder Wachsen der erhabenen Holzteile wirkt die Oberfläche plastischer. Durch Farben- und Strukturwahl kann die Leiste an verschiedene Stilrichtungen angepaßt werden.

Tönen

Ganz wichtig bei der Rahmenoberflächengestaltung ist es, darauf zu achten, daß die Farben von Bild und Rahmen miteinander harmonieren. Die Farbgebung kann dabei ausschließlich durch Beizen oder durch eine Beizung in Kombination mit einer Tönung sowie durch Bemalen erfolgen. Mit einem mehrschichtigen Aufbau in verschiedenen Tönungsnuancen kann die Leistenstruktur optisch verstärkt und dem Leistenanstrich mehr Leben verliehen werden.

Bild 84 Die „kalte" und die „warme" Tönung werden nacheinander aufgetragen.

Herstellung von Tönungen

Werkzeug
3 Marmeladegläser mit dichtem Deckel, Holzspatel zum Umrühren

Material
Grundierung, Plaka-Kaseinfarbe in Schwarz, Dunkelbraun (Umbra), Ocker, Signalrot (Oxydrot), Dunkelblau (Ultramarinblau)

Anleitung für „Grundton"
In einem alten Marmeladeglas wird Gesso oder Acryl-Vorlack (mit etwas Wasser) zu einer honigähnlichen Konsistenz verdünnt. Durch Beigabe von schwarzer Plaka-Kaseinfarbe oder Universalabtönfarbe entsteht ein kalter, hellgrauer Farbton, der durch Zugabe von Dunkelbraun etwas neutralisiert wird.

Anleitung für „warmen Farbton"
Der Grundton wird in einem weiteren Marmeladeglas mit etwas Ocker und Signalrot zu einem rotbraunen Grauton gemischt.

Anleitung für „kalten Farbton"
Im dritten Glas wird dem Grundton vorsichtig sehr wenig Dunkelblau beigemischt. (Bild 85)

Verarbeitung von Tönungen

Streichen Sie die gut entstaubte Leiste mit einer Gesso- oder Acryl-Grundierung, um dem Rahmen eine einheitlich saugende, gleichmäßige Oberfläche (über der Strukturierung) zu geben. Nach dem vollständigen Abtrocknen des Voranstrichs wird noch einmal fein geschliffen und entstaubt. Beizen Sie den Rahmen, wie im vorigen Kapitel beschrieben.
Nachdem die Beize getrocknet ist, tragen Sie eine „kalte" Tönung auf,

Bild 85 Da selbst hergestellte Tönungen durch die unterschiedlichen Farbintensitäten nicht genau nach Rezept hergestellt werden können, hängt das Mischergebnis von Ihrem Fingerspitzengefühl ab.

die nach etwa 15 Minuten mit sehr feinem Schleifpapier beschliffen wird. Dadurch tritt an den erhabenen Stellen die darunterliegende dunkle Beize hervor, während die tieferen Oberflächenteile abgedeckt bleiben. Danach wird die „warme" Tönung (eventuell mit einem Schwamm) aufgetragen und gleich anschließend mit einem Tuch abgewischt. Durch unterschiedliche Auftragungsdicke und Eintrocknungszeit ist die Intensität der darunterliegenden Farbschichten zu beeinflussen. (Bild 84)

TIP *Wenn Sie die Rahmenoberfläche zwischen der „kalten" und „warmen" Tönung mit Klarlack oder glänzendem Nitrolack fixieren, ist das Abwischen der zweiten Farbschicht leichter möglich. Die „kalten" und „warmen" Tönungen können natürlich auch in anderer Reihenfolge durchgeführt werden, je nachdem welches Endergebnis besser zu Ihrem Bild paßt.*

Vergolden

Beim Vergolden gibt es mehrere, unterschiedlich teure und arbeitsaufwendige Möglichkeiten, um zum Ziel zu gelangen. Wofür Sie sich entscheiden, hängt aber ebenso von der Art des zu vergoldenden Werkstücks sowie von Ihrer Geschicklichkeit, mit der einen oder anderen Methode besser umgehen zu können, ab.

Polimentvergoldung – die klassische Echtgoldvergoldung

Der wesentliche Vorzug dieser Vergoldungsart liegt in der Möglichkeit, die wertvolle Echtgoldauflage auf Hochglanz polieren zu können. Die Nachteile sind der enorme Zeit- und Arbeitsaufwand zur Herstellung der vielschichtigen Unterkonstruktion sowie die hohen Material- und Werkzeugkosten. Besonders für Neueinsteiger ist diese Technik mit großem Aufwand und Risiko verbunden. Sie wird heutzutage daher vor allem von Restauratoren und Goldliebhabern angewandt.
Die moderne Verarbeitungsmöglichkeit von Echtgold ist durch die Verwendung von Anlegemilch als Haftmittel wesentlich vereinfacht worden. Die hohen Materialkosten schrecken aber die Mehrheit der Hobby-Vergolder vor dieser Methode ab.

Bronzepulver und Bronzierlack – „Flüssiggold"

Diese recht einfache und relativ kostengünstige Methode eignet sich besonders zum Vergolden schmaler Kanten. „Flüssiggold" kann mit einem feinen Haarpinsel auch sehr exakt auf kleine Flächen aufgetragen werden.
Im Handel sind Bronzepulver und Bronzierlack erhältlich, die in einem kleinen Gefäß zu einer gut streichfähigen, satten Mischung verrührt werden, wobei eine absolut konstante Zusammensetzung kaum erreicht werden kann. Außerdem gibt es Fertiggemische von Metallfarben auf wäßriger Basis, die recht angenehm zu verarbeiten sind, da keine Lösungsmitteldämpfe freigesetzt werden. Die noch feuchten Pinsel sind gut mit Wasser zu reinigen, und die Zusammensetzung der Inhaltsstoffe ist gleichbleibend, sofern Sie die Farbe gelegentlich aufrühren. Leider verblassen diese Metallfarben nach einigen Jahren etwas und strahlen nicht ganz mit dieser Intensität, wie sie etwa durch einen einmaligen Auftrag der hochglänzenden Flüssigbronzen erreicht werden kann.
Die Flüssigbronzen sollten wegen der freiwerdenden Lösungsmitteldämpfe nur im Freien oder in gut belüfteten Räumen verarbeitet werden. Diese Umstände werden jedoch durch die hohe Qualität dieses „Flüssiggoldes" und die einfache Verarbeitung mehr als wettgemacht, so daß diese Mittel selbst von Restaurateuren gerne als Echtgoldersatz verwendet werden.
Da also alle diese Mittel als Ersatz für Echtgold verwendet werden, ist natürlich die optimale Verarbeitung sehr wichtig, um auch den optischen Eindruck einer hauchdünnen Echtvergoldung zu erwecken: Arbeiten Sie bei normaler Raumtemperatur (gut lüften!) oder noch besser im Freien (Schatten!), da der Goldauftrag fast augenblicklich trocken ist. Rühren Sie immer wieder gut auf, um eine gleichmäßige Intensität zu erreichen. (Bild 86)
Bei zu dickem, zähflüssigem Auftrag sind die einzelnen Pinselstriche zu erkennen und „ersticken" das Rahmenprofil. Prinzipiell ist von einem zweimaligen Anstrich abzuraten, da damit meist der erste Farbauftrag zerstört wird.
Die gut getrocknete Vergoldung kann versiegelt werden. Eine „Patina" bzw. künstliche Alterung kann durch Auftragung einer zarten Schicht Ölfarbe oder durch „Krakeliertechnik" bewirkt werden.

Bild 86 Das Flüssiggoldgemisch sollte ausreichend flüssig sein und mit einem weichen, am Gefäßrand abgestreiften, Haarpinsel rasch aufgetragen werden.

Blattmetall

Unter der Bezeichnung Blattmetall versteht man Echtgoldimitationen in verschiedenen Farbnuancen (Hellgold, Rotgold, Dunkelgold, Kupfer, Silber, bunte Mischungen usw.). Aus einer Kupfer-Zink-Legierung (Messing) werden hauchdünne goldfarbene Blätter angefertigt, statt Silber wird Aluminium verwendet, und Kupfer dient als Rohstoff für das Blattkupfer.
Wenn man einige Richtlinien beachtet, sind Blattmetalle in bezug auf ihre optische Wirkung echtem Blattgold sehr ähnlich. Sie sind jedoch wesentlich kostengünstiger. Die Verarbeitung von Blattmetallen bereitet viel Freude und ist auch leicht für Einsteiger zu beherrschen. Wenn einmal etwas nicht auf Anhieb gelingt, läßt es sich meistens korrigieren, da durch nochmaliges Auftragen von Anlegemilch fehlende Blattmetallteile ergänzt werden können. Meist werden Päckchen mit fünf, zehn oder 25 Blättern in einer Größe von 14 mal 14 cm angeboten. Es gibt aber auch „Flocken" in verschiedenen Farbtönen.
Die genannten Materialien sind grundsätzlich nur für Ziergegenstände (wie Bilderrahmen) im Innenbereich geeignet. Arbeiten Sie immer mit fettfreien, trockenen Händen. Auch der Anstrich am Rahmen muß trocken sein. Vermeiden Sie Zugluft, und achten Sie darauf, daß die Anlegemilch vor Auflegen des Blattmetalles den richtigen Trocknungsgrad erreicht hat. Nach einem Tag sind die fertigen Vergoldungen durch einen Schutzlack vor Oxydation zu schützen.
Damit die Vergoldung auf einer möglichst glatten Oberfläche aufgebracht werden kann, müssen die Rahmenleisten vor der Grundierung angefeuchtet und nach dem Trocknen fein beschliffen werden.

Geschlossene Blattmetallfläche

Geplante Arbeit
Rahmen wie im Beispiel „Massimo gatto della Rocca" von R. Wachtmeister

Werkzeug/Material
Haarpinsel, Anlegemilch, Blattmetall (silberfarben), rückstandsfrei entfernbarer Klebestreifen, Blattgoldbürste oder Kartonstück, weiches Tuch, etwas Watte, Überzugslack oder Zaponlack

Anleitung
Auf einer geschlossenen Fläche ist der Untergrund nicht mehr zu sehen. Daher ist eine herkömmliche fein

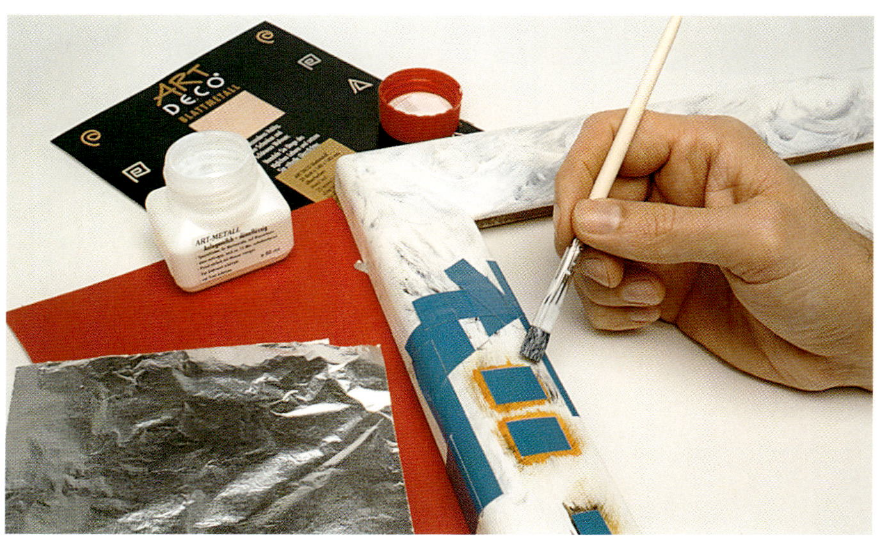

Bild 87 Die zu versilbernden Stellen werden dünn mit der Anlegemilch bestrichen.

beschliffene Rahmengrundierung zum Beispiel mit Gesso-Grund ausreichend. Die Umrisse der gewünschten „Versilberung" müssen mit rückstandsfrei ablösbarem Klebestreifen abgegrenzt werden. Bestreichen Sie die freien Stellen dünn, aber gleichmäßig deckend mit der wasserverdünnbaren Anlegemilch, damit das Blattmetall gut haftet. Der noch feuchte Pinsel kann mit Wasser gereinigt werden.
(Bild 87)
Die Anlegemilch muß je nach Temperatur ca. 15 Minuten abtrocknen. Prüfen Sie die Konsistenz der Anlegemilch durch leichtes Berühren mit dem Fingerrücken. Sie ist inzwischen transparent glänzend, soll gerade noch leicht kleben und darf keinesfalls naß sein.
Mit einer elektrostatisch aufgeladenen sehr breiten Blattgoldbürste, oder auf einem Kartonstück liegend, läßt sich das Stück Blattmetall recht gut auf den Rahmen übertragen.
(Bild 89)
Das Blattmetall muß punktgenau abgelegt werden, da ein nachträgliches Verschieben nicht mehr möglich ist. Um eine einheitlich geschlossene Blattmetallfläche zu erhalten, wird jedes anzuschließende Blattmetallstück an den Rändern leicht überlappend angelegt. Diese Arbeit verlangt etwas Geschicklichkeit und wird vom leisesten Luftzug zunichte gemacht. Drücken Sie das aufgelegte Blattmetall mit einem weichen Pinsel oder Tuch vorsichtig auf die Anlegemilch. Wenn alles vollständig belegt ist, werden die überschüssigen Reste mit einem Pinsel abgekehrt und in einem separaten Behälter für andere Verwendungszwecke gesammelt.
Stellen, die nicht gut bedeckt sind, können nochmals mit Anlegemilch bestrichen und mit Blattsilber belegt werden.

Fixier-Möglichkeiten
Frühestens nach 24 Stunden wird die gesäuberte Metallfläche mit etwas Watte vorsichtig aufpoliert. Die abgeklebten Rahmenteile werden freigelegt. Die danach folgende gründliche Oberflächenfixierung schützt vor Oxydation. Es gibt verschiedene Fixier-Möglichkeiten, die unterschiedliche Farbtönungen ergeben (Bild 88):

▶ Überzugslack auf Wasserbasis ist universell. Durch die Eigenfärbung von Schellack kann ein Goldton verstärkt werden – ist daher als Schutzlack für Blattmetall in Silber nicht zu empfehlen. Durch den Auftrag mit dem Pinsel ist diese Fixierung eher für kleinere Flächenbehandlungen rationell.
▶ Zaponlack aus der Sprühdose ist absolut farblos und daher für die Fixierung von Blattsilber und Blattgold gleichermaßen geeignet, sofern keine Farbveränderung erwünscht ist.
▶ Zaponlack kann durch Zusatz einiger Tropfen Glasmalfarbe in Braun einen wärmeren Farbton von Blattmetallen bewirken. (In einem kleinen Gefäß anrühren.)
▶ Zaponlack kann durch Zusatz einiger Tropfen Glasmalfarbe in Schwarz einen kälteren Farbton von Blattmetallen bewirken.

Bild 88 Verschiedene Oberflächenfixierungen ergeben unterschiedliche Farbtönungen.

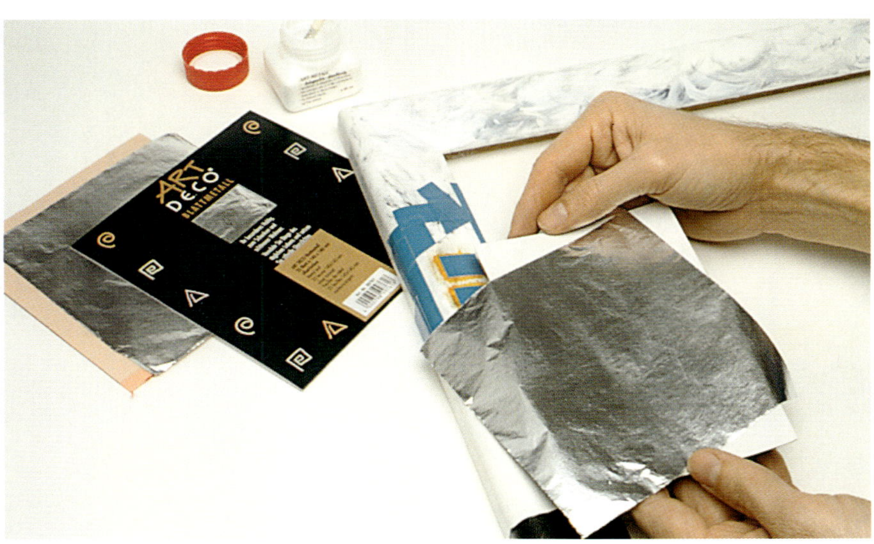

Bild 89 Das Blattmetall wird auf den Rahmen übertragen.

Bild 90 Rosina Wachtmeister – „Massimo gatto della Rocca“, Verkerke-Kunstdruck, Privatbesitz, Wien

Zuerst erfolgt die komplette Bemalung der Oberfläche, dann werden jene Teile, die nicht „versilbert“ werden sollen (Fenster) mit Klebestreifen abgedeckt. Der Rest wird mit Anlegemilch bestrichen und nach etwa 15 Minuten mit Silberfolie flächendeckend belegt. Überzugslack bewahrt den haltbaren Glanz von Blattmetall in Silber. Der Kunstdruck ist mit doppelseitigem Klebefilm auf Zellstoffkarton aufgezogen. Das schwarze Echt-Bütten-Passepartout bildet die farblich abgestimmte „Einrahmung“.

Durchscheinende Vergoldung

Oft werden Blattmetalle nicht direkt auf die geschliffene, grundierte und eventuell strukturierte Leiste aufgetragen, sondern der Rahmen erhält zuvor einen Farbauftrag mit einer Tönung (Herstellung von Tönungen siehe Seite 70). Goldfarbenes Blattmetall wirkt am besten auf rötlichem „warmem“ Untergrund, silberfarbenes Blattmetall auf grauem oder schwarzem „kaltem“ Grund. Anschließend wird die getrocknete Kaseinfarbe mit feinem Schleifpapier oder Stahlwolle leicht überschliffen. Die Oberfläche muß vollkommen glatt, staub- und fettfrei sein.

Geplante Arbeit
Auf einem mit „warmer“ Tönung grundierten Rahmen wird ein schmaler Blattgoldstreifen aufgebracht. Durch die Weiterbearbeitung schimmert die Grundfarbe durch das Blattmetall.

Werkzeug
Schneidemesser oder Schere, Haarpinsel, Stahlwolle oder sehr feines Schleifpapier

Material
Anlegemilch, rückstandsfrei entfernbare Klebestreifen, Blattmetall (goldfarben), weiches Tuch, Überzugslack oder Schellack

Anleitung
Mit einem rückstandsfrei ablösbaren Klebestreifen bestimmen Sie die genauen Umrisse der gewünschten Vergoldung. Bestreichen Sie die freien Stellen dünn, aber gleichmäßig mit Anlegemilch. (Bild 91)
Der noch feuchte Pinsel kann mit Wasser gereinigt werden. Der Rahmen muß etwa 15 Minuten trocknen.

TIP *Wenn Sie Blattmetall wie in unserem Fall in schmalen Streifen mit einer bestimmten Breite benötigen, zerschneiden Sie das zwischen zwei dünnen Abdeckpapieren eingelegte Blattgold mit einer Schere oder dem Schneidemesser. Auch mehrere Blätter lassen sich gemeinsam durchtrennen, sofern sie sich nicht direkt berühren. (Bild 92)*

Setzen Sie die einzelnen Blattmetallteile punktgenau auf den Rahmen, da ein nachträgliches Verschieben nicht mehr möglich ist.
Drücken Sie das Blattmetall mit einem weichen Tuch oder den Fingerkuppen vorsichtig fest. Setzen Sie diese Arbeitsschritte rund um den Rahmen fort, und beachten Sie, daß die einzelnen Metallteile sich dabei ein wenig überlappen sollen.
Anschließend drücken Sie mit einem etwas breiteren, weichen Haarpinsel oder weichen Tuch das Blattmetall noch einmal an.
Auch wenn es Ihnen schwerfällt, lassen Sie nach Möglichkeit Ihr Werkstück einen Tag gründlich trocknen – um so schöner wird das Ergebnis.
Nach der Trocknungszeit werden alle überstehenden Reste der Metallblätter mit einem Haarpinsel abgekehrt und aufgesammelt. Die Oberfläche des Rahmens polieren Sie mit einem weichen Tuch. Sollten jetzt irgendwo noch unbedeckte Flächen zu erkennen sein, so betupfen Sie diese erneut mit Anlegemilch, und wiederholen Sie den Vorgang, wie oben erklärt.
Nachdem der ganze Rahmen mit dem Blattmetall bearbeitet ist, entfernen Sie das Klebeband.
Durch gefühlvolles Beschleifen der vergoldeten Leiste mit sehr feinem Schleifpapier oder Stahlwolle in Richtung der Holzmaserung (= Längsrichtung) wird am nächsten Tag die darunter befindliche rote Farbschicht wieder teilweise freigelegt. Schleifen Sie aber nicht zu stark, da die hauchdünne Goldauflage sonst ihren Glanz verliert. (Bild 93)
Ganz zum Schluß erfolgt noch der wichtige Schutzanstrich mit Überzugslack oder Schellack.

Mischpackungen – Resteverwertung

Auch mit kleinen Reststückchen lassen sich hübsche Effekte erzielen. Sammeln Sie die abgekehrten Reste daher immer in einem separaten Gefäß.
Mit einem Pinsel werden die kleinen Teilchen aus dem Sammelgefäß auf die mit Anlegemilch bestrichene Leiste (oder das Passepartout) übertragen.

Falls Sie zu wenig Reste haben, lassen sich auch hübsche Effekte erzielen, indem Sie mit einem Borstenpinsel aus einem mit Karton unterlegten Bogen Blattmetall kleine Stückchen direkt über der Leiste herausreißen und auf der Leiste abstreifen.

Bild 91 Die Umrisse der gewünschten Vergoldung werden mit Hilfe eines ablösbaren Klebestreifens vorgegeben.

Bild 92 Schneiden Sie das benötigte Blattgold in Streifen zu.

Selbstverständlich sind alle Blattmetallsorten untereinander beliebig mischbar. Es gibt außerdem eigene Mischpackungen, in denen jeweils Gold mit Blau, Grün und Rot kombiniert sind. Auch verheißungsvolle Farbkreationen wie „Herbstlaub" laden zum Experimentieren ein. Vergessen Sie nie, nach 24 Stunden Trocknungszeit eine vollständige Oberflächenfixierung durchzuführen!

Wischmetall

Die ideale Lösung nach dem Motto: Hübsche Teilvergoldungen – verblüffend einfach und rasch hergestellt. Falls manche von Ihnen den ausgeführten Methoden immer noch skeptisch gegenüberstehen sollten – des großen Aufwandes bzw. der Kosten wegen oder aus Erfahrungsmangel –, ist die Wischmetallvergoldung die ideale Möglichkeit, auf einfachstem Weg metallische Akzente zu setzen.
Auf den geschliffenen, grundierten und abermals geschliffenen Rahmen wird je nach Geschmack eine „warme" oder „kalte" Tönung, also eine farbige Grundierung, aufgetragen. Das im Anschluß daran aufgebrachte Antik-Metall gibt es in verschiedenen Goldtönen sowie silber- und kupferfarbig zu kaufen. Eine eingedickte Paste kann mit einigen Tropfen Terpentin verdünnt werden.
Tragen Sie mit einem weichen, nicht fusselnden Tuch die Paste auf den fett- und staubfreien sowie gut abgetrockneten Rahmen auf. Bei intensiver Leistenstrukturierung (zum Beispiel Schnitzerei) können durch diese Technik Akzente gesetzt werden. Durch intensivere Wischgoldauftragung wird die farbige Grundierung zunehmend abgedeckt.
Nach einigen Stunden, besser noch am nächsten Tag, polieren Sie mit einem sauberen, weichen Tuch die getrocknete Wischmetallschicht. Eine zusätzliche Oberflächenfixierung ist nicht notwendig. (Bild 94)

TIP *Sollte eine künstliche Alterung erwünscht werden, so kann mit einem weichen, mit etwas Terpentin befeuchteten Tuch ein wenig schwarze oder dunkelbraune Ölfarbe über die gut getrocknete Goldpaste gewischt werden.*

Bild 93 Die unter der Goldschicht befindliche Farbe können Sie durch Beschleifen teilweise freilegen.

Bild 94 Mit einem weichen, nicht fusselnden Tuch wird die Metallpaste aufgetragen.

Bemalen – Dekorieren

Während das Bemalen von Leisten im klassischen Sinne im wesentlichen der Farbgebung unter einer Vergoldung diente, stellt das Bemalen in der zeitgenössischen Rahmengestaltung ein selbständiges Stilmittel dar. Es hat daher mit konservativer Farb- und Mustergebung und klassischem Schichtaufbau nur noch wenig zu tun. Die Lösung von althergebrachten Arbeitsabläufen macht den Rahmenhersteller zum Rahmendesigner, dessen Kunstverständnis, Geschmack und Ideenreichtum gefordert werden. Er läßt das Bild mit dem Rahmen wieder zu jener Einheit „verschmelzen", als Bild und Rahmen noch gemeinsam auf einem Holzgrund gemalt waren.
Durch die Verwendung moderner Materialien, verbunden mit den ständig neu entwickelten verschiedenen Techniken, gibt es eine Vielzahl von Möglichkeiten, die Rahmenoberfläche malerisch zu gestalten bzw. mit speziellen Farben zu bemalen oder zu dekorieren, wobei Sie eigentlich nur der gut sortierte Fachhandel über die momentanen Möglichkeiten und Trends auf dem laufenden halten kann.
Wozu Sie sich auch entscheiden, zuerst muß der rohe, fein geschliffene Rahmen entsprechend vorbereitet werden. Der Anstrich mit fertigem Gessogrund aus dem Künstlerbedarfsgeschäft oder die Grundierung mit wasserlöslichem Acryl-Vorlack schaffen die besten Voraussetzungen für eine homogene, gleichmäßig saugende Oberfläche.

Das Bild setzt sich auf dem Rahmen fort

Nach Grundierung mit Gesso und dem Reliefaufbau mit Modellierpaste wird Acrylfarbe (in Elfenbeinschwarz) vollflächig über die gewünschten Flächen aufgetragen. Nach Abtrocknung wird die Leiste mit farblich passender Acrylfarbe (in Kadmiumgelb, Permanentgrün, Kadmiumrot und Iridescent Gold), in Stil und Motiv dem Bild angepaßt, bemalt. Der fertige Rahmen kann mit Firnis fixiert werden. (Bild 96 und 97)

Spritztechnik

Diese Technik eignet sich grundsätzlich für alle Leistenarten. Auch eine großflächige Verarbeitung von Farben ist möglich. Ich verwende jedoch am liebsten stark profilierte Leisten oder Einsatzrahmen und bespritze diese nur teilweise.
Bei Einsatzrahmen wird so vorgegangen, daß über einen farbigen Untergrund auf dem äußeren Rahmen (bzw. auf Teilen des äußeren Rahmens) verschiedene, farblich abgestimmte Iridescent-Acrylfarben gespritzt werden.
Bei strukturierten Bilderrahmenleisten bietet sich ein mit Flüssigbronze veredelter Rahmenteil an, der durch Spritzer von roter oder brauner Acrylfarbe eine Art „Patina" erhält.

Werkzeug/ Material

Spritzgitter, alte Zahnbürste, breiter Pinsel, kleine Schüssel, Aquatec Acrylfarben, ablösbares Klebeband, Abdeckpapier

Anleitung

Bedecken Sie die Rahmenteile, die nicht bespritzt werden sollen, mit Papier, und kleben Sie die Kanten sorgfältig mit ablösbarem Klebeband ab.
Decken Sie den Arbeitsplatz großflächig ab. Verflüssigen Sie die benötigte Menge Acrylfarbe in einer kleinen Schüssel. Tragen Sie diese mit dem Pinsel auf das Spritzgitter auf. Wenn Sie feine, gleichmäßige Spritzer anfertigen wollen, müssen Sie die erste Farbmenge mit der Zahnbürste auf das Abdeckpapier spritzen. Halten Sie das Spritzgitter gleich über den Rahmen, so entstehen unterschiedlich große und kräftige Spritzer. (Bild 95)

Bild 95 Mit einem Spritzgitter und einer Zahnbürste lassen sich feine Farbtupfen aufspritzen.

Bild 96 Das Bild setzt sich auf dem Rahmen fort.

Bild 97 J. Zumpf – „Tagwache“, Acrylbild mit Blattgoldauflage, Sammlung S & S Ljubic, Wien
Auf dem Rahmen setzt sich das Bildmotiv teilweise fort. Die leuchtend bunten Acrylfarben sowie das rot bemalte Schrägschnittpassepartout unterstreichen den farbenfrohen Charakter des Bildes, während durch das schwarze Echt-Bütten-Schrägschnittpassepartout sowie die schwarze Rahmengrundfarbe eine Beruhigung und Abgrenzung zum Hintergrund erreicht werden. Der Reliefaufbau erfolgte mit eingefärbter Modellierpaste und einem Kammzahn.

Bild 98 Bezugsmaterial und Bildhaltbarkeit sollten aufeinander abgestimmt sein. Der mit Geschenkpapier beklebte Rahmen hat eine zeitlich beschränkte Lebensdauer. Der rustikale Rahmen ist gebeizt und mit Spitze belegt, und der dritte Rahmen – ein zeitloses Erinnerungsstück – ist mit alterungsbeständigen Echt-Bütten-Papiersorten bezogen in Ziegelrot, Rehbraun und Braun.

Klebetechnik

Grundsätzlich eignet sich zum Bekleben jedes dünne, anschmiegsame Material, das mit Leim oder speziellem „Royal Coat" (Fachhandel) aufgeklebt und oberflächenversiegelt werden kann: Briefmarken, Etiketten, Zeitungsausschnitte, Bütten- oder Japanpapier, Spitze, Seide usw.
Versuchen Sie, bei der Wahl des Bezugsmaterials auf die Haltbarkeit des Bildes Rücksicht zu nehmen. Es wäre doch schade, wenn ein Bild von Wert von einem nicht alterungsbeständig bezogenen Rahmen umschlossen würde. (Bild 98)

Reißlacktechnik

Werkzeug/Material
Pinsel, Schneidemesser, Plaka-Farben, Flüssigbronze, Krakeliermittel für Reißlack, Sprühlack

Anleitung
Vergolden Sie den grundierten, beschliffenen und entstaubten Rahmen an den gewünschten Stellen mit Flüssigbronze. Tragen Sie genau über jenen vergoldeten Leistenteilen, an denen die Plaka-Farbe später abblättern soll, eine Schicht Krakeliermittel mit einem Pinsel zügig auf. Wenn Sie auf 10 ml Krakeliermittel zwei bis drei Tropfen Geschirrspülmittel beimengen, gelingt dies besser. Ist nach etwa 20 Minuten das Krakeliermittel trocken, malen Sie die gewünschten Plaka-Farben darüber. Am nächsten Tag leuchtet durch die entstandenen Risse der vergoldete Untergrund. Mit einem Schneidemesser oder dem Fingernagel können die abblätternden Farbstellen zusätzlich vergrößert werden. (Bild 99)
Die Oberflächenfixierung erfolgt mit nicht gilbendem, farblosem Sprühlack. (Bild 100)

Bild 99 In diesem Beispiel wird der grundierte, beschliffene und entstaubte Rahmen an den gewünschten Flächen mit Flüssigbronze vergoldet. Alle anderen Stellen können Sie mit zum Bild passender Plaka-Farbe übermalen.

Schwammtechnik

Der mit Gesso grundierte Rahmen kann nach einem Zwischenschliff einen „warmen" Farbauftrag bekommen oder – wie in diesem Beispiel – mit einem breiteren Synthetikfaserpinsel mit elfenbeinschwarzer Acrylfarbe bemalt werden.

Nach etwa 20 Minuten wird mit einem Schwamm Iridescent-Gold-Acrylfarbe aufgetupft, die einen besonders schönen Metalliceffekt hat. Tupfen Sie den Schwamm nach jedem neuerlichen Farbeholen einige Male auf einen Kartonrest, ehe Sie den Rahmen dekorieren. Unterschiedliche Schwammstrukturen und Qualitäten bewirken verschiedene Musterung. Die Oberflächenfixierung ist mit Firnis möglich. (Bild 101)

Bild 101 Auf den mit elfenbeinschwarzer Acrylfarbe bemalten Rahmen wird mit einem Schwamm Iridescent- Gold-Acrylfarbe aufgetupft (siehe Rahmung für Bild „Der Kuß").

Bild 100 Die in Reißlacktechnik hergestellte Rahmenoberfläche ist eine echte Rarität und verleiht Bildern eine besondere Stimmung. Das dezente graue Echt-Bütten-Passepartout unterstreicht die Farben von Bild und Rahmung. Die Oberflächenfixierung erfolgt mit nicht gilbendem Sprühlack.

Ljubic – „The Point of View",
Tusche und Flüssigbronze auf Papier,
Sammlung Ljubic

Dem Titel entsprechend, ist dieses Bild so gerahmt, daß je nach Lust und Laune irgendeine Bildseite als Oberkante verwendet werden kann.
Auf dem mit schwarzer Acrylfarbe bemalten Rahmen setzt sich das Bildmotiv teilweise fort. Der runde Fensterausschnitt des Passepartouts hat eine goldbelegte Schrägschnittkante, das Rahmenprofil ist wie im Bild „Eine Linie setzt sich fort" einfach geschwungen, ohne scharfe Ecken und Grate.

Marmoriertechnik

Hierbei handelt es sich um eine jahrhundertealte, streng gehütete Technik, die durch die modernen Farben der heutigen Zeit in den letzten Jahren zu einem beliebten und weitverbreiteten Hobby für jung und alt wurde. Da noch dazu die Verarbeitung recht einfach ist und nur sehr wenig Utensilien benötigt werden, habe ich auch diese Technik als mögliche Rahmendekoration in dieses Buch aufgenommen.
Es gibt verschiedene Arten von Marmorierfarben. Ich bevorzuge für die Leistendekoration Hobby Line Kaltkeramikfarbe, die auch als Marmorierfarbe verwendbar ist.

Werkzeug

Alter Kamm oder Zahnstocher, Wegwerfhandschuhe (!)

Material

Zeitungspapier zum Abdecken, Kaltkeramikfarbenset mit Pipette, tiefe Wanne, Marmoriergrund, Pinnwandnägel

Anleitung

Der Rahmen wird vor dem Marmorieren grundiert und fein beschliffen. Zur besseren Handhabung empfehle ich Ihnen, in die Rückwand an vier Stellen Pinnwandnägel einzustechen, an denen der Rahmen in die Wanne gehalten werden kann und die während der Trocknung als Füßchen dienen. Bei schwereren Rahmen können Sie auch Schrauben eindrehen.
In die genügend hoch mit Wasser gefüllte Wanne wird mit der Pipette die gewünschte Farbe auf die Oberfläche gesetzt und mit einem Zahnstocher oder Kamm vorsichtig zu einem Muster gezogen.
Beim Marmorieren muß die Farbe die Rahmenoberfläche komplett bedekken, da sonst die weiße Grundierung sichtbar bleiben würde. (Bei bereits mit Farbe bemalten Rahmen genügen wenige Tropfen Marmorierfarbe im Wasser, um dem Rahmen das letzte Finish zu geben.)
Nachdem Sie sich die Wegwerfhandschuhe übergezogen haben, halten Sie den Rahmen an den Pinnwandnägeln und tauchen ihn flach so tief in die Wanne, bis die Farbe die sichtbaren Leistenteile komplett bedeckt hat. Luftblasen sind beim Einlegen zu vermeiden, indem der Rahmen leicht schräg in die Wanne hineingehalten wird. (Bild 102)
Stellen Sie den Rahmen zum Trocknen über einer Zeitungsschicht auf die Nagelfüßchen. Nach 24 Stunden ist die emailartige Glasur sogar wetterfest. Sie benötigt keine weitere Fixierung.

TIP *Kaltkeramikfarbe direkt auf reines Wasser gesetzt, zerfließt zu willkürlichen, feinadrigen Musterbildern. Durch geringen Zusatz von Marmoriergrund bleiben die Farbtropfen an einer Stelle stehen und können zum Beispiel mit Hilfe eines Kammes gezielt marmoriert werden. Auf diese Weise bearbeitete Rahmen und Passepartoutkartons müssen jedoch anschließend vorsichtig unter klarem Wasser abgespült werden. Die Marmoriertechnik eignet sich auch sehr gut zur Dekoration farbiger Passepartoutkartons. Hier zu sehen in Blau, Dunkelgrün, Altdeutsch. (Bild 103)*

Bild 102 Mit einem Stäbchen oder Kamm wird die Farbe vorsichtig zu einem Muster gezogen.

Bild 103
Je nach Farbwahl entstehen elegante oder poppig-bunte Rahmenoberflächen. Breite Rahmenleisten oder schmale Einsatzrahmen – alles ist möglich!

Künstliche Alterung von Oberflächen

Reißlack

Manchmal bringt eine künstliche Alterung die Rahmenoberfläche oder das Bild (Ölbild, Druck usw.) noch besser zur Geltung. Für diese Fälle gibt es im Künstlerbedarfsgeschäft ein Reißlackset, in dem alle benötigten Substanzen enthalten sind. Die eigentliche Wirkungsweise basiert auf dem unterschiedlichen Trocknungsverhalten zweier Substanzen, welches zu Rißbildung führt. In die Risse kann dann Ölfarbe eingearbeitet werden. Es gibt mittlerweile zwar schon Einkomponentensysteme, die althergebrachte Vorgehensweise erlaubt meiner Meinung nach jedoch eine genauere Dosierung der Rißbildung.

Werkzeug/Material
Flachpinsel, Tuch, Grundlack, Krakeliermittel, Ölfarbe, Spülmittel, Terpentin, Zeitungspapier

Anleitung
Zuerst wird mit einem Flachpinsel auf die fettfreie, trockene Rahmenoberfläche die erste Schicht Grundlack aufgetragen. Bei stark saugenden Untergründen erfolgt nach etwa vier bis sechs Stunden, wenn der erste Anstrich vollkommen getrocknet ist, ein neuerlicher Anstrich auf dem waagerecht auf dem Arbeitstisch (mit Zeitungspapier abdecken!) liegenden Rahmen. (Bild 104)
Wenn die zweite Grundlackschicht nach etwa eineinhalb bis zweieinhalb Stunden nur mehr leicht klebrig ist, erfolgt der Anstrich mit dem Krakeliermittel. Zur besseren Oberflächenhaftung werden auf etwa 10 ml Krakeliermittel zwei bis drei Tropfen Spülmittel eingerührt.

Bild 104 Mit einem Flachpinsel wird auf die fettfreie, trockene Rahmenoberfläche die erste Schicht Grundlack aufgetragen.

Bild 105 In die entstandenen Risse kann mit einem weichen, eventuell leicht in Terpentin getränkten Tuch Ölfarbe eingerieben werden.

Die Trocknungszeit beträgt etwa eine Stunde. Die Stärke der Rißbildung ist hauptsächlich vom Trocknungsgrad der letzten Grundlackschicht vor Auftragung des Krakeliermittels abhängig. Eine kürzere Grundlacktrocknungszeit ergibt wenige große Risse, durch eine längere Trocknungszeit entstehen viele kleine Risse – entscheiden Sie, welche Variante Ihnen lieber ist.
Mit Hilfe eines mit Terpentin befeuchteten Tuches reiben Sie in die entstandenen Risse Ölfarbe. Für helle Untergründe werden verschiedene Brauntöne verwendet, für dunkle Gegenstände bieten sich in den meisten Fällen Rot- oder Blautöne sowie Weiß an. (Bild 105)

Nach dem Abtrocknen wird mit einem weichen, sauberen Tuch die überschüssige Farbe bis auf die Risse komplett entfernt.
Frühestens nach einer Trocknungszeit von 48 Stunden darf die wasserlösliche Reißlackschicht unter leicht fließendem Wasser mit einem weichen Pinsel vorsichtig aufgelöst werden.
Eine Oberflächenversiegelung ist nicht unbedingt notwendig. Wem die Oberfläche jedoch zu rauh ist, der kann nach etwa zwei Tagen zwei dünne Schichten nicht gilbenden Nitrolacks in Seidenmatt aufsprayen oder eine Schicht Grundlack auftragen.

Patinaöl und Patinierungsfarbe

Bei natürlicher Alterung bildet sich im Laufe von Jahrzehnten durch Luftverunreinigungen, Staub und die Hinterlassenschaften von Stubenfliegen eine Patina. Wem dieser Vorgang zu lange dauert, der kann durch Zuhilfenahme zum Beispiel von Patinagrund und Auftrag verschiedener Patinierungsfarben (mit Plaka-Farben) bemalten Rahmenleisten ein antikes Aussehen verleihen.

Ljubic – „Eine Linie setzt sich fort“, Tuschezeichnung, Sammlung Ljubic

Die sich auflösende Linie schlängelt sich bis auf den mit Acrylfarbe bemalten Rahmen hinaus. Der Schwung der Linie findet sich im Rahmenprofil wieder.

Arbeiten rund ums Bild

Sie haben Leisten ausgewählt, den Rahmen zugeschnitten und zusammengebaut, haben sich für eine Dekorationsart Ihrer Vorstellung entschieden und diese ausgeführt – „Was kann da noch Wichtiges kommen?“
Nun, beispielsweise ein wenig Glassorten-Kunde, Wissenswertes über das Aufziehen und Befestigen von Drucken, über Klebstoffe, die Verwendung von Passepartouts, die Renovierung von Bildern und Rahmen …

Bild 106 Richten Sie das Lineal so ein, daß Sie beim Zuschneiden den nötigen Abstand für den Glasschneider einhalten können.

Glas

Abgesehen von wenigen Ausnahmen wie zum Beispiel bei Öl- und Acrylbildern sowie Gobelinstickereien (die eine besondere Behandlung benötigen), wird üblicherweise jedes Bild mit Glas gerahmt. Dabei erfüllt das Glas oft mehrere Funktionen.

- Glas macht das Bild pflegeleichter (Abstauben),
- Glas schützt vor UV-Strahlen,
- Glas klemmt das Bild ein (nicht aufkaschierte Bilder würden sonst Wellen schlagen und verrutschen),
- Glas gibt dem Rahmen zusätzliche Stabilität,
- Glas schützt und hält das Passepartout und bewahrt vor Staub und chemischen Einflüssen (Verfärbung durch Nikotin).

Glassorten – Warenkunde

Im wesentlichen unterscheidet man Glas und Acrylglas.
Je nach den besonderen Erfordernissen kann man zwischen Normalglas, Antireflexglas und UV-undurchlässigen Glassorten wählen. Bei besonders großen Bildern mag auch die Verwendung von Acrylglas wegen des beträchtlich geringeren Gewichts eine Alternative darstellen.

Normalglas

Unter Normalglas versteht der Glaser das normale Fensterglas. Es ist in verschiedenen Stärken erhältlich. Für Bilderrahmen wird üblicherweise 1 mm starkes Glas verwendet, gelegentlich auch 2 mm. Normalglas erfüllt sämtliche wesentlichen Anforderungen und hat noch dazu den günstigsten Preis. Museums- oder Archivrahmungen werden prinzipiell mit Normalglas angefertigt. Die wesentlichen Nachteile von Normalglas sind:

- Reflex,
- zu geringer UV-Schutz und
- Gewicht.

Sollte sich bei einer Rahmung einer dieser Gründe besonders nachteilig auswirken, so kann man auf eine der folgenden Glassorten ausweichen.

Antireflexglas

Unter speziellen Lichtverhältnissen oder bei sehr zarten Farben (Aquarellen) ist die Rahmung mit 1 mm dickem Antireflexglas, also Glas mit reflexionsfreier Oberfläche, durchaus angebracht. Da auf dieser Glasart jedoch gerne die Feuchtigkeit kondensiert und auf der Bildoberfläche Schimmelflecken entstehen können, ist eine Verwendung bei wertvollen Bildern nur bedingt zu empfehlen. Falls Sie sich dennoch für diese Glasart entscheiden sollten, so achten Sie darauf, daß Glas und Bild auf jeden Fall durch ein Passepartout getrennt werden. Da es verschiedene Qualitäts- und damit verbunden natürlich auch Preisklassen gibt, sollte man sich vor dem Kauf genau informieren. Die billigsten Sorten sind um etwa 30 % teurer als Normalglas, lassen die Bilder aber meistens wie hinter einem Wolkenhimmel verschwinden, die Spitzensorten („Galeriequalität“) hingegen haben den etwa vierfachen Quadratmeterpreis von Normalglas. Erstrebenswert ist also wahrscheinlich ein Kompromiß. Der Glaser in Ihrer Nähe zeigt Ihnen bestimmt gerne sein Angebot.

Acrylglas

Acrylglas (eventuell auch mit UV-Schutzwirkung) kann durch sein geringes Gewicht beim Rahmen sehr großer Bilder Vorteile bringen. Ich tendiere in diesem Fall jedoch eher dazu, besonders stabile Rahmenkonstruktionen anzufertigen, (Flachdübel, Flachwinkel, Rückwand mit dem Rahmen verschrauben...), da ich der Meinung bin, daß die Nachteile von Acrylglas die Vorteile wettmachen:

- Es zieht Staub durch statische Aufladung besonders gut an,
- zerkratzt sehr leicht (Spezialputzmittel) und
- ist relativ teuer.

Schneiden von Acrylglas

Wenn man das Acrylglas nicht gleich beim Händler zuschneiden läßt, kann man das auch recht gut selbst tun, sofern man einige wichtige Punkte beachtet. Beim Kauf sind die Platten mit Folie überzogen. Ziehen Sie diese erst beim Einlegen des fertig zugeschnittenen Acrylglases in den Rahmen ab, um Beschädigungen zu vermeiden. Für den Zuschnitt ist ein Spezialmesser mit leicht gebogener Klinge optimal sowie ein stabiles Lineal und eine Schneideunterlage. Sie können mit dem Messer mehrere Male an der markierten Stelle dicht entlang dem Lineal schneiden. Bevor die Platte ganz durchtrennt ist, brechen Sie diese über der Tischkante. Die Bruchkante wird mit Schleifpapier (anfangs Körnung 120, später feiner werdend) und Schleifklotz geglättet. Gereinigt werden darf Acrylglas nur mit mildem Spülmittel, Wasser und einem weichen Tuch; es gibt auch antistatische Spezialputzmittel. Fensterputzmittel und rauhe Putzschwämme greifen die Oberfläche an!

Schneiden von Glas

Vor dem Umgang mit Glas schrecken sogar routinierte Bastler und Handwerker zurück. Dabei ist die Glasbearbeitung doch mit ein wenig Übung und Beachtung einiger Ratschläge ganz einfach!

Was Sie grundsätzlich bei der Glasbearbeitung beachten müssen

- Sie benötigen einen absolut glatten, ebenen Arbeitstisch, auf dem die Glasplatte vollständig aufgelegt werden kann.
- Breiten Sie alte Zeitungen oder ein großes Packpapier so aus, daß eine geschlossene Ebene entsteht.
- Verwenden Sie nur gereinigte, glatte Glasscheiben.
- Messen Sie sorgfältig (Glasschneiderstärke beachten), und zeichnen Sie mit einem wasserfesten Marker an.
- Der Glasschneider darf nicht stumpf sein, da unsaubere Schnittkanten schlecht oder falsch brechen.
- Tauchen Sie den Glasschneider vor Verwendung kurz in Terpentin oder Öl.

▶ Der erste Schnitt muß passen. Das mehrmalige Schneiden an einer Position macht einen sauberen Bruch unmöglich.
▶ Zwei Streifen Malerkreppband auf der Linealunterseite erleichtern das sichere Halten des Lineals auf der rutschigen Glasscheibe. Mit dem rutschfesten Lineal des Maped Passepartoutschneidesystems kann man auch ohne Hilfe einer zweiten Person sehr sicher großes Glas zuschneiden.
▶ Ein richtig durchgeführter Schnitt erfolgt mit senkrechtem Glasschneider und ist mit einem bestimmten Geräusch verbunden.
▶ Glasscheiben lassen sich nur schwierig um wenige Millimeter nachschneiden. Schmale Streifen lassen sich nur stückweise mit einer Zange (speziellen Glaserzange oder breiteren Beißzange) abbrechen.
▶ Reinigen Sie nach jedem Zuschnitt den Arbeitsplatz. Verbleibende Splitter zerkratzen die Glasplatten und erhöhen die Verletzungsgefahr.

ACHTUNG, BESCHNITTENE GLASKANTEN SIND SCHARF!

Fertigen Sie auf alten Glasresten einige Probeschnitte an, um das Gespür für den richtigen Umgang mit dem Glas und dem Schneider zu entwickeln. Halten Sie dafür den Glasschneider möglichst senkrecht.
Für Glas werden Quadratmeterpreise verrechnet. Da 1 mm starke, einzelne Glasplatten im ganzen kaum sicher zu transportieren sind, läßt man sich meistens gleich vom Händler die Platten im genauen Format zuschneiden. Übersehen Sie bei der Bestellung nicht, die Glassorte zu nennen, sonst bekommen Sie vielleicht automatisch Normalglas. Da die Glasplatte im Rahmen locker liegen soll, ziehen Sie für den Glaszuschnitt vom Falzmaß immer 2 mm ab.

Werkzeug
Glasplatte, Glasschneider, wasserfester Marker, Bleistift, stabiles Winkellineal aus Stahl oder Alu mit Malerkreppband oder Lineal des Passepartoutschneidesystems

Material
Zeitungspapier oder großer Bogen Packpapier, etwas Terpentin oder Öl

Anleitung
Messen Sie das Falzmaß des Rahmens aus, und ziehen Sie bei der Länge und Breite jeweils etwa 2 bis 3 mm Spielraum ab, um die optimale Glasgröße zu ermitteln.
Die Glasplatte liegt auf einem glatten, ebenen Tisch, der frei von jeder Art von Verschmutzung sein muß, damit das Glas nicht an etwaigen Druckpunkten unbeabsichtigterweise springt.
Übertragen Sie die Meßpunkte mit einem wasserfesten Marker möglichst genau auf die Glasplatte. Der Glasschneider greift besser, wenn Sie ihn vor der Benutzung kurz in Terpentin eintauchen. Der Glasschneider muß möglichst senkrecht mit konstantem Druck an dem Lineal entlanggeführt werden, wobei ein typisches Schneidegeräusch zu hören ist. (Bild 106)
Ziehen Sie möglichst auf einmal durch. Wenn Sie nachgreifen müssen, verlassen Sie mit dem Glasschneider nicht die bereits geritzte Spur.

TIP *Für sehr lange Schnitte ist es angenehm, einen Helfer zu haben. Wenn man auf sich selbst gestellt ist, können auch zwei in den Arbeitstisch eingeschlagene Nägel als Anschlag für das Lineal dienen.*

Auch etwas Malerkreppband, auf der Linealunterseite aufgeklebt, verhindert das lästige Verrutschen des Lineals. Wenn Sie das Speziallineal für den Passepartoutzuschnitt besitzen, verwenden Sie es auch für den Glaszuschnitt. Es ist absolut rutschsicher!
Heben Sie das Glas nach dem Ritzen vorsichtig hoch, und klopfen Sie gefühlvoll auf die Schnittunterseite. Legen Sie einen Bleistift genau unter den Schnitt, und brechen Sie die Platte durch leichten Druck nach unten. (Bild 107)
Glasplatten lassen sich auch sehr gut brechen, indem Sie die geritzte Schnittlinie genau bis an die Tischkante ziehen, die Platte mit den Daumen oben und den restlichen Fingern unten gut festhalten und mit den Daumen nach unten und den restlichen Fingern nach oben drücken. Das klingt komplizierter, als es ist!
Bei kleineren Gläsern gelingt dieser Vorgang mit einer Hand, während die zweite Hand die Platte niederdrückt. Größere Glasplatten werden mit beiden Händen gebrochen. Als Beschwerung können zum Beispiel Telefonbücher auf ein stabiles Lineal gelegt werden.

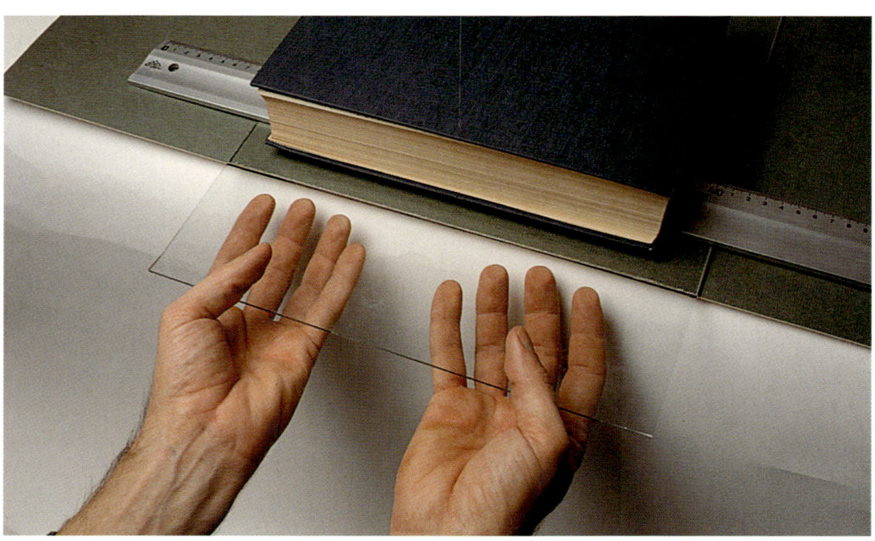

Bild 107 Es gibt verschiedene Möglichkeiten, Glas zu brechen. Es schaut komplizierter aus, als es ist!

Aufziehen und Befestigen von Drucken, Reproduktionen und Fotografien – diverse Klebstoffe

Abhängig von der gewünschten Rahmungsart (siehe „Wechselrahmen“, ab Seite 43), vor allem jedoch von der angestrebten Haltbarkeit und Qualität der Fotos, Drucke usw. ist die Durchführung einer der folgenden Methoden zum Aufkaschieren empfehlenswert. Rufen Sie sich in Erinnerung, daß die Mühe der Rahmenanfertigung in Relation zum Wert bzw. der Haltbarkeit des Bildes stehen soll. Für Fotos gibt es einen speziellen UV-Schutz, der bei der Auftragsgebung gleich mitbestellt werden kann. Denken Sie daran, wie rasch der billige Druck eines Kalenderblattes verblaßt. Entscheiden Sie sich daher beim Neukauf der zur Zeit so beliebten Kunstdrucke nur für Spitzenqualitäten, die durch Verwendung besonderer Druckverfahren, Gold- und Silberfolie, Diamantpulver und Spezialpapier maximale optische Effekte und Haltbarkeit erreichen. Als zusätzlicher Schutz von Postern und Fotos eignet sich ein Pinselauftrag mit farblosem Aquatec Jel-Pastos-Medium, das diesen Bildern gleichzeitig den optischen Eindruck von Ölbildern verleiht.

Nasses Aufziehen – indirekt

Diese Methode ist mit einfachen Hilfsmitteln durchführbar und für viele Anwendungsfälle geeignet, denn sowohl billige Drucke als auch Fotos, Zeichnungen, Karten und vieles mehr lassen sich auf diese Art eben (ohne Wellen zu bilden) auf einer Unterlage aufkleben. Der Untergrund kann ein Museumskarton oder genausogut eine dicke Holzfaserplatte sein. Wesentlich zu beachten bei dieser „nassen“ Methode ist jedoch, daß zu viel Nässe Ihr Bild zerstören bzw. in Falten legen und die Verklebung nicht mehr gelöst werden kann.

Frische Kleberreste und Flecken sind mit Wasser restlos entfernbar. Außerdem ist der für das nasse Aufziehen geeignete Leim in der Anschaffung günstig, sehr ergiebig und erlaubt ein Zurechtrutschen des Bildes auf dem Untergrund.

Werkzeug

Glasplatte, Flachpinsel, Gummiwalze, 4 kleine Schraubzwingen, Cutter

Material

Säurefreier Museumskarton in Weiß, 2 Hartfaserplatten in Bildgröße (ca. 19 mm stark), Schneideunterlage, Leim, unbedrucktes Abdeckpapier, Glasplatte, Zeitungspapier, weiches Tuch

Anleitung

Vergewissern Sie sich, daß das Bild in den angefertigten Rahmen eingeschoben werden kann. Etwas „Luft“ macht

Bild 108 Das Bild wird auf die mit Leim bestrichene Glasplatte aufgelegt.

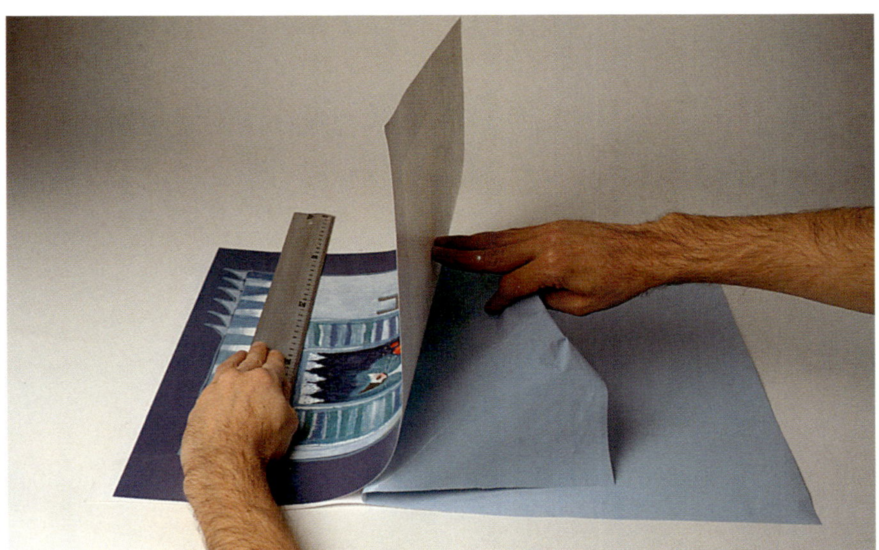

Bild 109 Zum blasenfreien Verarbeiten von doppelseitigem Klebefilm ist eine glatte Tischfläche unerläßlich.

nichts, solange die Falzbreite von 1 cm den Bildrand ausreichend abdeckt.
Nun schneiden Sie mit dem Cutter den benötigten säurefreien Museumskarton in Bildgröße zu.
Tragen Sie danach mit dem Flachpinsel auf eine Glasplatte (Zeitungspapier als Unterlage nicht vergessen!) rasch und gleichmäßig Leim auf. Sparen Sie nicht mit der Menge, damit sich das Bild später über die ganze Fläche mit Leim vollsaugen kann.
Legen Sie das Bild mit der Unterseite auf die Glasplatte, und reiben Sie es mit einem weichen Tuch leicht an. (Bild 108)
Achtung: Zu viel Leim wird seitlich herausgedrückt und beschmutzt das Bild. Um die Bildseite zu schützen, ist das Abdecken mit einem Blatt unbedruckten Papiers zu empfehlen.
Als nächstes lösen Sie das Bild von der Glasplatte und legen es auf den Museumskarton. Obwohl der Leim ein Verrutschen des Bildes am Untergrund anfangs noch in geringem Ausmaß gestattet, ist es empfehlenswert, Bild und Museumskarton möglichst genau aufeinanderzulegen.
Decken Sie das Bild mit einem unbedruckten Papier ab, und walzen Sie es von der Mitte ausgehend zum Rand hin rundherum fest. Entfernen Sie frische Leimreste mit einem feuchten Tuch.
Legen Sie das aufgeklebte Bild zum Trocknen zwischen zwei Hartfaserplatten, und klemmen Sie diese mit vier Schraubzwingen fest. Nach etwa einer Stunde kann das fertig gepreßte Bild entnommen werden.

Trockenes Aufkleben mit doppelseitigem Klebefilm

Geplante Arbeit
Ein Kunstdruck wird mit doppelseitigem Klebefilm (Fachhandel) auf säurefreien Karton aufgezogen.
Werkzeug
Schneidemesser, Gummiwalze, Lineal
Material
Säurefreier Karton in Weiß, doppelseitiger Klebefilm von der Rolle, unbedrucktes Abdeckpapier
Anleitung
Von einem Stück Klebefilm (etwas größer als das aufzuklebende Bild) wird etwa ein Viertel der blauen Abdeckfolie abgezogen und zurückgeschlagen. Legen Sie von diesem Teil des Klebefilms ausgehend das Bild möglichst blasenfrei auf den Klebefilm, und streifen Sie mit einem langen Lineal oder Tuch über das Bild (eventuell mit unbedrucktem Papier belegen), während Sie die Abdeckfolie Stück um Stück weiter abziehen. (Bild 109)
Ist die Folie komplett abgezogen, werden überstehende Klebefilmteile mit einem Schneidemesser sauber entfernt. Drehen Sie den bezogenen Druck um, und legen Sie ihn auf den etwas größeren Karton. Ziehen Sie nun die weiße Abdeckfolie genauso ab, wie Sie es zuvor bei der blauen getan haben. Wenn das Bild mit dem Karton verklebt ist, decken Sie es zum Schutz mit der weißen Folie ab, und walzen Sie von der Mitte ausgehend alles fest. Diese Reihenfolge der Verklebung hat den Vorteil, daß der etwas größere Rückwandkarton bei ungenauer Verklebung noch zugeschnitten werden kann.

TIP *Beim Zusammenstückeln kleinerer Klebefilmteile auf Posterformat dürfen keine Falten, Lücken oder Überlappungen entstehen, da diese als Blasen oder Rillen auf der Bildvorderseite zu sehen sind. Sollten Lufteinschlüsse entstanden sein, stechen Sie diese von der Rückseite her mit einer Nadel vorsichtig an. Der doppelseitige Klebefilm eignet sich auch sehr gut zum Aufziehen von Passepartoutzierlinien aus Blattgold, Papier oder feinem Stoff, zum Verstärken brüchiger Fotos und Bilder, zum Überziehen von Passepartouts, Auskleiden von Kastenrahmen mit Papier und für viele andere Techniken.*

Sprühkleber, Montagekleber

Für viele Anwendungen benutze ich auch gerne den Sprüh- oder Montagekleber, der im Künstlerbedarfsgeschäft erhältlich ist. Er ist besonders rasch, einfach und sicher im Gebrauch, vor allem wenn Sie sich folgende Ratschläge zu Herzen nehmen:

- Wenn Sie sich den Arbeitsplatz nicht nachhaltig verschmutzen wollen, breiten Sie großflächig Abdeckpapier auf, oder sprühen Sie gleich im Freien.
- Vor Gebrauch schütteln Sie die Dose ein bis zwei Minuten. Entfernen Sie eventuell eingetrocknete Kleberreste auf der Sprühdüse (mit Nadel einstechen).
- Der Sprühvorgang gelingt am besten, wenn das zu verklebende Element (Kunstdruck, Rückwand) senkrecht steht.
- Die optimale Sprühentfernung beträgt 15 bis 25 Zentimeter.
- Gesprüht wird zuerst senkrecht und anschließend waagerecht, wobei bei jeder Bewegung die Sprühdüse frontal zum Objekt gerichtet sein sollte.
- In der Regel genügt eine einmalige Besprühung. Bei sehr stark saugendem Untergrund erfolgt nach einer Abtrocknungszeit von ca. fünf Minuten eine weitere Klebstoffauftragung.
- Bei der Verwendung von Montagekleber wird meistens das Bild besprüht. Ein Abziehen vom Untergrund ist jederzeit möglich.
- Nach einer Trocknungszeit von ein bis drei Minuten (Sprühkleber) bzw. einigen Sekunden (Montagekleber) wird das Bild gewalzt oder mit einem weichen Tuch von der Mitte zu den Rändern hin blasenfrei angedrückt, wobei es ratsam ist, die Bildvorderseite mit einem Bogen unbedruckten Abdeckpapiers zu schützen.
- Fügen Sie die Teile paßgenau zusammen, und entfernen Sie Sprühkleberreste mit Nitro. Montagekleberreste können Sie abreiben.

Gegenüber herkömmlichem Sprühkleber ist Montagekleber wieder ablösbar, nicht durchschlagend und nicht wellend, was ihn besonders für großflächige Papierverklebungen (Poster, Fotos) empfehlenswert macht. (Bild 110)

TIP *Nach abgeschlossenem Sprühvorgang drehe ich die Dose nicht um und sprühe das Ventil leer, wie es von den Herstellern angegeben ist, sondern ich stecke eine dünne Nadel tief in die Sprühdüse, die bis zur nächsten Verwendung des Sprühklebers dort bleibt. So bleibt die Düse immer frei.*

Naßklebestreifen, Selbstklebestreifen

Speziell zum Versiegeln des „Pakets" (siehe Seite 104), für den staubdichten Verschluß sowie zum Anheften von Bildern an die Passepartoutrückseite ist dieser vorgummierte Papierklebestreifen, der durch Anfeuchten seine Klebekraft entwickelt, bestens geeignet. Er ist zumeist in Braun in 5 cm Breite erhältlich (selten auch in Weiß, von 1 bis 6 cm). Da ich die Erfahrung gemacht habe, daß sich die Naßklebestreifen mit den Jahren durch Feuchtigkeitsschwankungen oft vom Untergrund wieder ablösen, bin ich dazu übergegangen, diese Arbeiten mit einem selbstklebenden Papierpackband auszuführen, das es auch in Braun in 5 cm Breite gibt. Für die 2,5 cm breite „Paketversiegelung" trenne ich das noch aufgerollte Klebeband mit einem Cutter in der Mitte durch. Eine weitere Möglichkeit der Bildbefestigung ist das Bestreichen eines Naturleinenbandes mit Stärkekleber.

Fotoecken

Die eigentlich zur Befestigung von Fotografien im Album entwickelten selbstklebenden Fotoecken eignen sich sehr gut zum Fixieren von kleinen bis mittelgroßen Bildern auf einem Trägerkarton. Das Bild steckt mit seinen vier Ecken beweglich in nahezu unsichtbaren Laschen, aus denen es leicht und ohne Beschädigung wieder entnommen werden kann.

Doppelklebeband

Diese Art von Klebebändern ist für die Arbeit mit Bildern nicht geeignet, da, bedingt durch die starke Klebekraft, ein Entfernen des Klebebandes ohne Beschädigung des Bildes praktisch unmöglich ist.

Kunststoff-Abdeckband

Ein restlos wieder abziehbares und nicht die Oberfläche angreifendes Abdeckband ist zum Beispiel beim Vergolden oder Lasieren von genau einzuhaltenden Flächen oder Streifen ein zuverlässiges Hilfsmittel.

Sekundenkleber

Sekundenkleber ist sehr praktisch, darf jedoch mit wertvollen Bildern niemals direkt in Berührung kommen. Bei der Bilderrahmung verwende ich Sekundenkleber zur zusätzlichen punktgenauen Fixierung der Bilderklappösen an der Rahmenrückseite (siehe „Aufhängemöglichkeiten", Seite 110).

Klebstoffherstellung

Stärke- und Zellstoffkleber werden für die Verklebung wertvoller Bilder verwendet, sind jedoch zum Kleben von Fotos und Kunststoffpapier nicht geeignet.
Wenn Sie keine chemisch behandelten Fertigprodukte kaufen wollen, gibt es alte Familienrezepte aus jenen Zeiten, als Fertigklebstoff noch Luxus oder Mangelware war.

Kleister (Zellstoffkleber)

Der Grundstoff ist Weizenmehl. Sieben Sie einen Eßlöffel glattes Mehl in fünf Eßlöffel lauwarmes Wasser, und erhitzen Sie diese Masse unter Rühren, bis sie einmal kurz aufkocht. In einem verschlossenen Döschen ist der Klebstoff im Kühlschrank etwa eine Woche haltbar.

Stärkekleber

Im Künstlerbedarfsgeschäft gibt es ein Pulver, welches mit Wasser zu einem gebrauchsfertigen Klebstoff verrührt wird. Er hält jedoch nur wenige Tage.

Bild 110
Das Bild wird langsam auf die besprühte Rückwand abgesenkt.

Passepartoutkarton (Fotokarton), Museumskarton, Passepartouts in Echt-Bütten-Qualität

Mit dem aus dem Französischen stammenden Begriff „Passepartout" wird eine Kartoneinrahmung für Bilder bezeichnet, die aus Dekorationsgründen und zur Verhinderung einer direkten Glasberührung zwischen Bild und Glas gelegt wird. Passepartout- oder Fotokarton gibt es in verschiedenen Qualitäten, Farben, Stärken und Größen bogenweise im Künstlerbedarfsgeschäft zu erwerben (siehe auch „Tips rund um das Bild", Seite 10).
Durch Kaschierung verschiedenfarbiger Lagen Passepartoutkartons können dekorative Effekte im Schrägschnitt erzielt werden.
Speziell zur Anfertigung dicker Schrägschnittpassepartouts ist der etwas weichere Museumskarton aus 100 % Zellstoff oder Baumwolle gedacht, den es standardmäßig in 1,3 und 1,8 mm Stärke gibt, der auf Wunsch jedoch auch in einer Stärke von 3,6 mm angefertigt wird. Museumskarton dient auch zur Herstellung von Rückwänden und zur Archivierung besonders wertvoller Exponate.
Die höchste Vollendung der deutschen Passepartoutqualitäten stellt das auf der Rundsieb-Büttenpapiermaschine in 22 Farben gefertigte original Hahnemühle, Echt-Bütten-Papier dar, das auf einen mehrlagigen, 1,5 mm dicken Passepartoutkarton kaschiert wird.

Generelle Auswahlkriterien

Wenn Sie denken, der Verwendungszweck des Passepartouts liegt in der ästhetischen Aufwertung des Bildes, so ist das nur der auffälligste Blickpunkt.
Das Passepartout schafft einen Übergang zwischen Bild und Rahmen, hebt das Bild hervor, unterstreicht die Aussagekraft, ist Gestaltungsmittel.
Eine gute Qualität des Passepartouts ist für das Kunstwerk von großer Bedeutung, steht doch hier die Lebensdauer und der Wert des Bildes auf dem Spiel. Verwenden Sie stets hochwertigen, lichtechten, säurefreien Zellstoffkarton, um Beschädigungen des Bildes vorzubeugen und eine lange, unverminderte Lebensdauer zu gewährleisten. Hochwertige Passepartouts sind zusätzlich mit Calciumcarbonat gegen von außen auf das Papier einwirkende Schadstoffe gepuffert, was einen unverminderten Gebrauchswert von mehreren hundert Jahren gewährleistet.
Außerdem geben Sie dem Bild hinter einem Passepartout die nötige Luft zum „Atmen". Bilder von Wert dürfen daher niemals direkt zwischen zwei Glasplatten eingezwängt werden. Andererseits ist ein gewisser Schutz nach außen gegen schädliche Umwelteinflüsse und Staub nötig (siehe „Staubdichter Verschluß", Seite 109).

Bild 111 Je nach Verwendungszweck eignen sich verschiedene Stärken von Museumskarton, mit Echt-Bütten-Papier bezogene Passepartoutkartons und Passepartout- oder Fotokarton.

a) Museumskarton in Hellweiß und Naturweiß gibt es standardmäßig in den Dicken 1,0 mm, 1,3 mm, 1,5 mm, 1,8 mm, 2 mm und 2,5 mm in drei Formaten; Sonderanfertigungen sind bis 3,6 mm Dicke möglich.
b) Die Standardfarben der 1,5 mm starken Echt-Bütten-Passepartoutkartons sind: 1. Hellweiß, 2. Naturweiß, 3. Elfenbein, 4. Chamois, 5. Antik, 6. Altdeutsch, 7. Ziegelrot, 8. Aquamarinblau, 9. Blau, 10. Hellgrün, 11. Dunkelgrün, 12. Marmorgrau, 13. Grau und 14. Schwarz sowie 15. Hellweiß und 16. Naturweiß mit besonders ausgeprägter Struktur. Sonderfarben sind 17. Altgold, 18. Malvenrosa, 19. Rosé, 20. Fliederviolett, 21. Dunkelrot, 22. Saphirblau, 23. Caramelbraun, 24. Rehbraun und 25. Braun.
c) Echt-Bütten-Papier gibt es in zahlreichen Farbtönen auch in Bögen.
d) Fotokarton ist in acht hoch lichtbeständigen Farbtönen, drei Formaten und vier Flächengewichten zu bekommen.

Zusätzlich zu den Standardstärken, -farben und -größen ist eine Sonderanfertigung bereits in geringen Stückzahlen möglich.

Größenbestimmung, Formen für Passepartoutfenster

Die Außenmaße das Passepartouts sollten prinzipiell mit der Größe des Deckglases bzw. der Rückwand übereinstimmen. Im allgemeinen werden viereckige Passepartouts entweder mit vier gleich breiten Passepartoutseiten zugeschnitten, oder der Oberteil stimmt mit den Seitenteilen überein, während der Unterteil um etwa ein Drittel breiter ist. Für die Bestimmung der Innenmaße, also den Fensterausschnitt, gibt es viele Möglichkeiten.

▶ Bei signierten Bildern setzt das Passepartout knapp unterhalb der Signatur an und läßt somit rund um das Bild einen weißen Bildrand frei.
▶ Bei Bildern ohne Signatur genügt es, das Fenster auf jeder Seite etwa 4 bis 6 mm kleiner als das Bild auszuschneiden, um den Rand rundherum ausreichend abzudecken (bei Originalen bitte nichts abschneiden!). Ziehen Sie nicht weniger als 3 mm ab, da sonst die Gefahr besteht, daß das Bild durch den Ausschnitt herauskippt.

Fensterausschnitte müssen nicht immer viereckig sein. Es gibt ebenso sechs- oder achteckige, runde oder ovale, sternförmige, herzförmige oder die verschiedensten individuellen Formen.
Die Passepartoutbreite sollte in Relation zur Bildgröße stehen. Kleine Bilder werden durch breite Passepartouts stärker betont.

TIP *Um geometrisch geformte Masken anzufertigen, müssen Sie entweder Ihre vielleicht ein wenig in Vergessenheit geratenen Kenntnisse der darstellenden Geometrie auffrischen oder zu einfachen Hilfsmitteln greifen. Finden sich doch in jedem Haushalt Behälter oder Gegenstände der verschiedensten Größen und Formen, die als Vorlage für einen Fensterausschnitt verwendbar sind. (Bild 112)*

Schneiden von Passepartouts

Eines der wesentlichen Kriterien bei der Passepartoutherstellung ist neben der Kartonqualität und der Muster- und Formwahl der saubere und exakte Zuschnitt. Dieser gelingt bei einem Maskenausschnitt mit 90° Schnittmesserführung gerade noch mit einem scharfen Cutter oder Schneidemesser, einem stabilen Lineal und einer Schneideunterlage.
Hochwertige mit Büttenpapier bezogene Passepartoutkartons gibt es stückweise in verschiedenen Farben, Größen und Stärken im Künstlerbedarfsgeschäft zu kaufen. Bei zugeschnittener Ware ist man an einige Standardfarben und -größen gebunden. Maßanfertigungen sind meistens ziemlich teuer. Unter diesen Gesichtspunkten betrachtet, rechnet sich die Investition in ein solides Passepartoutschneidesystem, vor allem für 45°- Zuschnitte, in kürzester Zeit.

Manueller Zuschnitt – gerade

Werkzeug
Alu-Winkellineal, Schneidemesser, eventuell 2 Tischlerzwingen, Bleistift, Stecknadel
Material
Echt-Bütten-Passepartoutkarton, Fotokarton oder bezogener Museumskarton, Malerkreppband, Schneideunterlage, feines Schleifpapier
Anleitung
Bestimmen Sie die gewünschte Fenstergröße, indem Sie die benötigten Hilfslinien auf der Rückseite des Passepartoutkartons ziehen. Stechen Sie die Eckpunkte mit einer Stecknadel ein, um den eigentlichen Zuschnitt von der Vorderseite her durchführen zu können, da der manuelle Zuschnitt, von der Vorderseite durchgeführt, meistens sauberer aussieht. Bei Schrägschnittpassepartouts wird von dieser Markierung ausgehend der fertige Fensterausschnitt natürlich etwas kleiner. Achten Sie auf penible Sauberkeit am

Bild 112 Durch manuellen Zuschnitt, mittels Passepartoutschneidegerät oder durch Kombination beider Techniken ist die Anfertigung einer Vielzahl von Fensterausschnitten möglich. Hier einige Ideen.

Arbeitsplatz, denn besonders auf hellen und schwarzen Passepartouts ist der kleinste Fleck deutlich zu erkennen. Es gibt spezielle Schneideunterlagen, die den Arbeitstisch und die Klinge des Cutters oder des Schneidemessers schonen. Durchtrennen Sie dünnere Kartons mit einem Schnitt, dickere mit Echt Bütten bezogene Museumskartons werden mit dem ersten Schnitt nur leicht vorgeritzt und mit jedem weiteren Schnitt (natürlich exakt an derselben Stelle, immer genau am Lineal anliegend) ein Stück tiefer durchtrennt. Damit das Winkellineal rutschfest aufliegt, klemmen Sie es mit zwei Tischlerzwingen fest, oder kleben Sie wenigstens auf die Linealunterseite zwei lange Streifen Malerkreppband. Schneiden Sie nicht über die mit Nadelstichen markierten Eckpunkte hinaus, und schleifen Sie unsaubere Schnittkanten oder die Ecken mit sehr feinem Schleifpapier vorsichtig nach.

Passepartoutschneidegerät – gerade oder Schrägschnitt

Für kleine Zuschnitte verwende ich das handliche 60 cm lange, speziell geformte und sehr stabile Antirutschlineal aus Alu, in dessen Führungsrinne das Schneidegerät entweder für 90°- (bis 9 mm tiefe Schnitte) oder 45°-Schnitte (bis 5 mm Kartonstärke) eingesetzt werden kann. Für große Passepartoutzuschnitte gibt es für dieses System Lineallängen bis 120 cm. Dieses Schneidesystem ist nicht gerade billig. Das Ergebnis rechtfertigt aber auf jeden Fall die Mittel, und durch den Selbstzuschnitt der Kartons hat sich diese Investition bald amortisiert. Für den genauen Zuschnitt kann der gewünschte Fensterausschnitt auf der Kartonrückseite angezeichnet werden. Die benötigten Hilfslinien zur Führung des Schneidemessers befinden sich 25 mm (bei 45°-Messerstellung) bzw. 16 mm (beim 90°-Schneidemesser) innerhalb dieses markierten Randes. Schnittbeginn ist am Punkt „A“, Schnittende jeweils am Punkt „B“. (Bild 113 und 114)
Zur Schonung der Schneidemesser und für exakte Schnittkanten ist in diesem Fall die Verwendung einer guten Schneideunterlage ganz besonders wichtig!
Fotokartons werden mit dem ersten Schnitt durchtrennt, für den exakten Zuschnitt von Echt-Bütten-Passepartoutkartons und dicken Museumskartons muß das Schneidemesser mehrmals durch die Führungsschiene gezogen werden. Kleine Unregelmäßigkeiten werden mit sehr feinem Schleifpapier (um einen dicken, glatten Filzstift oder ein Rundholzstück gewickelt) ausgebessert.
Zum Thema Passepartoutformen im weiteren Sinn gehören auch mögliche Effekte, die durch Verwendung von zwei oder mehreren hintereinander gelegten, meist verschiedenfarbigen,

Bild 113 Zur Herstellung exakter Fensterausschnitte mit Schrägschnitt benötigen Sie ein Passepartoutschneidesystem.

Bild 114 Im Gegensatz zum manuellen Zuschnitt kann der Passepartoutzuschnitt (und damit die Anfertigung der benötigten Hilfslinien und Markierungspunkte) bei Verwendung des Passepartoutschneidesystems von der Rückseite her erfolgen. Dafür eignet sich ein Zirkel, mit dem rundum, ohne oft nachmessen zu müssen, rasch sämtliche Hilfslinien gezogen werden können.

unterschiedlich großen Passepartouts erzielt werden können.
Runde oder ovale Passepartouts gelingen am besten mit einer Kartonschablone und dem Passepartoutschneider.

TIP *Falls Sie irrtümlich eine Fensteröffnung zu groß geschnitten haben, läßt sich durch Hinterlegung dieses Passepartouts mit einem zweiten kleineren sozusagen aus der Not eine Tugend machen. (Bild 115)*

Gestaltung der Passepartouts

Beim näheren Befassen mit dem Thema Passepartout wird man mit der Zeit immer mehr Gestaltungsformen entdecken. Da das Passepartout eine Maske aus Spezialpapier ist, kann man es nicht nur mit verschiedenen Materialien überziehen, sondern auch wie normales Mal- oder Zeichenpapier bearbeiten. Dabei steht natürlich die mit hochwertigem Passepartoutpapier zu erzielende Haltbarkeit gegenüber jeder anderen (billigeren) Papierart in keiner Relation. Um die Gesamtqualität nicht zu beeinträchtigen, sollte auch die Auswahl der Passepartoutgestaltungsmöglichkeiten sowie der dafür verwendeten Materialien dem Wert des Bildes entsprechen.

Zierlinien aus Tusche ziehen

Eine der verbreitetsten Dekorationsmöglichkeiten von Passepartouts entsteht durch das Ziehen von Tuschelinien, die durch variierende Anordnung, Anzahl und Stärke vielen Bedürfnissen angepaßt werden können (siehe Bild Seite 105).
Es gibt verschiedene Arten von Tusche. Für Zierlinien ist die besonders leichtflüssige schwarze Scribtol-Kunstschrifttusche zu empfehlen. Die Reißfeder- oder Linersets mit verschiedenen Aufsätzen gestatten das Ziehen sehr genauer und sauberer Linien bis ca. 1 mm Breite. Stärkere Zierlinien können mit einer Kalligraphiefeder gezeichnet werden, oder Sie malen mit einem Pinsel die Fläche zwischen zwei Linien aus.
Ermitteln Sie die exakten Eckpunkte, und markieren Sie diese mit feinen Nadeleinstichen, an die das Lineal genau angehalten werden kann.
Verwenden Sie zum Ziehen der Tuschelinien stets ein ausreichend langes, stabiles und unbeschädigtes Lineal mit Tuschkante, damit keine Tusche unter das Lineal gelangen und die Linie durchgezogen werden kann.
Die schwarzen Tuschelinien wirken natürlich auf hellem bzw. nur schwach pigmentiertem Grund optimal, wie: hellweiß, naturweiß, elfenbein, chamois, antik, altdeutsch, ziegelrot, hellgrau, usw. Die Anfertigung von Schrägschnittkanten ist nicht unbedingt erforderlich. (Bild 115)

Bild 115 Rosina Wachtmeister – „Luna Piena", Verkerke-Kunstdruck, Gallery Edition, Privatbesitz, Wien

Ein saphirblaues Echt-Bütten-Passepartout sowie ein starker, mit Silbermetall belegter Museumskarton bildet den Übergang zwischen dem Bild und der Rahmung. Der Rahmen ist aus einer Aufsatzleiste angefertigt – interessant ist das in diesem Fall umgekehrte Profil. Durch Anordnung des erhöhten Teiles Richtung Bild wird für den Betrachter der Eindruck erweckt, durch ein Fenster zu blicken. Der Rahmen ist mit Plaka-Farben und silberner Flüssigbronze bemalt. Die romantisch-liebliche Stimmung wird durch den verspielten Vorhang auf der versilberten Holzstange unterstrichen.

Bild 116 Verschiedene Musterbeispiele von mit Tuschezierlinien dekorierten Echt-Bütten-Passepartouts und die dafür möglichen Zeichengeräte: Tuscheliner, Reißfeder, Pinsel

Bild 117 Die Fläche zwischen zwei Tuschelinien kann lasiert oder vergoldet werden (siehe auch das fertige gerahmte Bild „Iphigenie", Seite 105).

Zwischenräume gestalten

Lasieren
Damit ist in diesem Zusammenhang die farbige durchscheinende Gestaltung von Zwischenräumen, die durch das Ziehen einer oder mehrerer Tuschelinien gebildet werden, gemeint. Dies kann durch Bemalen mit hochwertigen, lichtechten Aquarellfarben, Gouache oder Farbtusche erreicht werden.
Die zu bemalende Fläche wird meistens durch zwei etwas breitere Tuschelinien im Abstand von 0,5 bis 2,5 cm hervorgehoben. Ihrem Ideenreichtum ist dabei jedoch keine Grenze gesetzt.
Da sich Lasuren nicht mehr entfernen oder korrigieren lassen, darf die begrenzende Tuschelinie an keiner Stelle übermalt werden. Durch Abkleben der nicht zu bemalenden Flächen mit rückstandsfrei ablösbarem Klebeband entstehen zwischen Tuschelinien sauber abgegrenzte Lasuren. Probieren Sie die Lasur zuvor an einem Passepartoutrest gleicher Farbe und Qualität, um die Farbabstimmung mit dem Bild genau vornehmen zu können.

Mit einem Haarpinsel wird der zu lasierende Zwischenraum zwei- bis dreimal mit klarem Wasser befeuchtet. Hat das Büttenpapier das Wasser aufgenommen, wird die dünnflüssige, sehr schwach pigmentierte Lasur gleichmäßig aufgetragen. Nach Abtrocknen der Lasur ist das Klebeband möglichst bald zu entfernen. (Bild 117)

Vergolden
Zwischen Tuschelinien (und für den Schrägschnitt) eignet sich das Aufkleben von Blattmetallen mittels Klebefilm, wobei Sie die Ecken jeweils in Gehrung zuschneiden sollten. Arbeitsvorgang siehe Kapitel „Beziehen von Passepartouts“, Seite 98.

Das Passepartout als Fortsetzung des Bildes bemalen

Farbe mit Schwamm auftupfen
Der auf dem Foto zu sehende schwarze säurefreie Passepartoutkarton erhielt eine Farbauftupfung mit einem Schwamm. Tauchen Sie dafür mit der glatten Seite eines kleinen Schwammstückes in die gut aufgerührte Flüssigbronze. Streichen Sie überschüssige Farbe am Rand eines Gefäßes ab, und tupfen Sie den Schwamm einige Male auf einen Kartonrest, damit sich die Farbe gleichmäßiger auf dem Schwamm verteilt. Wiederholen Sie diesen Vorgang nach jedem Farbeholen, um einen regelmäßigen Farbauftrag zu erreichen. (Bild 119)

Bild 118 Setzen Sie die Formen und Farben des Bildes (und des Rahmens) auch auf dem Passepartout fort. Achten Sie besonders auf Genauigkeit der Übergänge zwischen Rahmen, Passepartout und Bild, um einen optimalen Eindruck zu erwecken.

TIP *Als Alternative können Sie auch farblich passende Papierstreifen mit beidseitigem Klebefilm in die Zwischenräume kleben (Gehrungsschnitt!). Versuchen Sie, aus Gründen der Haltbarkeit lichtechten, säurefreien Fotokarton oder Büttenpapier in Naturtönen zu verwenden. Für den Schrägschnitt eignet sich auch exakt und sparsam aufgetragene Flüssigbronze.*

TIP *Durch unterschiedliche Schwammqualitäten und Porenstrukturen lassen sich unterschiedliche Muster herstellen.*

Diese Technik eignet sich auch sehr gut zum Dekorieren von Rahmenleisten. Als Alternative können hier zum Beispiel die Aquatec Acrylfarben (Iridescent Gold oder Silber auf elfenbeinschwarzem Grund) verwendet werden. Die Oberflächenversiegelung erfolgt in diesem Fall mit Firnis. (Bild 121)

Mit Naturmaterialien belegen

Getrocknete Blumen und Gräser können eine eigene Stimmung vermitteln. Mit farbfixierendem Spray (Hobbybedarf) besprühte Pflanzenteile bleichen nicht so schnell aus, wobei natürlich der Kraft von direktem Sonnenlicht nichts entgegengesetzt werden kann.

Mit Sprüh- oder Montagekleber werden die Naturmaterialien auf dunkelgrünem Echt-Bütten-Passepartout fixiert. Eine Harmonie zwischen Pflanzen und Papier läßt sich auch mit folgenden Farbtönen herstellen: Ziegelrot, Braun, Rehbraun, Hellgrün und Saphirblau. (Bild 120)
Für dickere Materialien benötigen Sie einen verglasten Kastenrahmen (siehe Seite 50).

Mit Blattmetallen belegen

Blattgoldflocken in verschiedenen Farbkompositionen werden in bereits bekannter Weise aufgebracht und mit Zaponlack oberflächenversiegelt.

Im Künstlerbedarfsgeschäft gibt es echtes Blattgold von 0,3 cm Breite auf einem Handabroller zu kaufen. Mit Anlegemilch läßt sich dieser Echtgoldstreifen mit etwas Übung zum Beispiel für die Herstellung von Echtgold-Passepartoutzierlinien oder Schrägschnittverkleidungen verwenden. Tragen Sie in diesem Fall den Überzugslack exakt auf, damit es nicht zu Farbveränderungen des Büttenpassepartouts kommt.
Die Vergoldungstechnik mittels Klebefilm ist im Kapitel „Beziehen von Passepartouts" nachzulesen.

Beziehen von Passepartouts (und Einsatzrahmen)

Gelegentlich bekommt man auch bereits bezogene Passepartoutkartons zu kaufen. Um besondere Anforderungen zu erfüllen, gibt es einige Möglichkeiten, Passepartouts und Einsatzrahmen selbst zu beziehen, abhängig von Material und späterem Verwendungszweck. Im wesentlichen kommen dafür in Frage: Stoff (Leinen, Seide, Samt, Brokat, Spitzen usw.), Blattgold, Goldpapier, Tapete, Naturmaterialien, Spezialpapiere usw.
Vor der Verklebung von Stoff ist die Farbechtheit zu überprüfen sowie die Laufrichtung festzulegen. „Kettfäden"

Bild 119 Passepartouts lassen sich durch das Auftupfen von Flüssigbronze oder Farbe individuell gestalten.

Bild 120 Falls Sie das Passepartout mit Gräsern, Blättern und flachgepreßten Blüten bekleben wollen, kommen Sie mit einer normalen Verglasung aus. Für dickere Materialien benötigen Sie einen verglasten Kastenrahmen.

Bild 121 Klimt – „Der Kuß", 1907, Verkerke-Kunstdruck, Privatbesitz

Dieses weltbekannte Meisterwerk, eine Reproduktion der Verkerke-Gallery Edition Spezial, gewährleistet durch die Goldauflage und die Verwendung spezieller Drucktechniken eine besonders hochwertige Ausstrahlung und maximale Haltbarkeit. Mit dem dazu angefertigten Rahmen haben Sie zwar nicht das Original daheim, jedoch sicherlich ein exquisites Unikat.

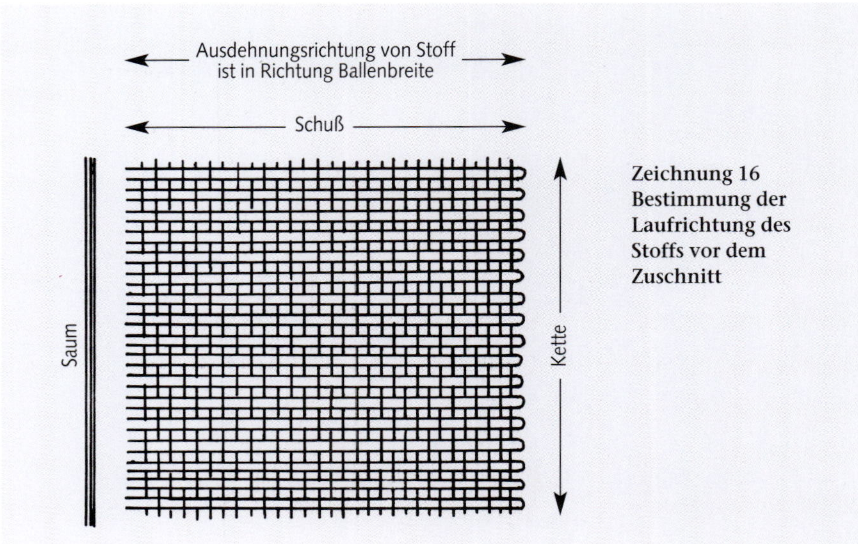

Zeichnung 16 Bestimmung der Laufrichtung des Stoffs vor dem Zuschnitt

sind diejenigen, die senkrecht, parallel zum Saum verlaufen, wogegen der „Schuß" aus den waagerechten Fäden gebildet wird. Stoff dehnt sich in diese Richtung aus, und daher sind die benötigten Längsteile stets in Richtung „Kette" zuzuschneiden. Die Kette selbst wird weggeschnitten! (Zeichnung 16)

Bezug des Passepartouts

Stoff und ähnliche Materialien

Belegen Sie die Arbeitsfläche großzügig mit unbedrucktem Abdeckpapier, ehe Sie eine möglichst gleichmäßig dünne Montagekleberschicht auf den Stoffbezug aufsprühen (schlägt nicht durch). (Bild 124)
Der Stoff wird rasch auf das Passepartout gelegt, alles umgedreht und mit einem Tuch oder einer Gummiwalze von der Rückseite her gefühlvoll angedrückt.

TIP *Für sehr leichte, dünne Stoffarten wie Seide ist die Verwendung von doppelseitigem Klebefilm empfehlenswerter.*

Den überschüssigen Bezug schneiden Sie einfach an der Passepartoutaußenkante ab, oder Sie kappen die Ecken, schlagen den Bezug nach innen um und kleben ihn fest. An den inneren Ecken wird der Bezug mit dem Schnei-

Bild 122 Eine sehr edel und wertvoll wirkende Gestaltungsform ist das Belegen von Passepartouts mit Blattmetallen. Dabei können Umfang und Ausführung dem Stil des Bildes angepaßt werden.

demesser nur so weit eingeschnitten, daß die Kartonstärke gerade noch abgedeckt werden kann. Legen Sie das ausgeschnittene Passepartoutfenster ein, und besprühen Sie den schmalen Streifen um den Ausschnitt (rundherum mit Zeitungspapier abdecken), um den umgeschlagenen Bezug gut festkleben zu können. (Bild 125)
Der Bezug darf sich auf der Vorderseite nicht wellen, die Kante des Fensterausschnittes muß komplett abgedeckt sein.
Um die für Ihren Bezugsstoff optimale Klebstoffmenge zu ermitteln, fertigen Sie zunächst ein Musterstück an.

Bild 124
Für den Bezug von Passepartouts mit Stoff wird vom ausgewählten Material ein Stück etwa 3 cm breiter als das Passepartout zugeschnitten.

TIP *Nicht so vielfältig in der Auswahl, aber wesentlich sicherer und einfacher in der Verarbeitung ist Gewebe, das bereits auf einer dünnen Trägerpapierschicht aufgezogen ist (Fachhandel).*

Bild 125
Bei Passepartouts mit runden Innenfenstern muß der Bezugsstoff je nach Krümmungsintensität in ausreichenden Abständen eingeschnitten werden, um ihn faltenfrei umlegen zu können.

Bild 123 Exakte Blattmetallformen lassen sich besonders einfach mit Klebefilm herstellen, wobei diese Methode sowohl für großflächige Beklebungen, das Anbringen kleiner Verzierungen und das Füllen von Flächen zwischen Passepartoutzierlinien zu empfehlen ist.

Papier und ähnliche Materialien
Bei Bezügen aus Papier kann doppelseitige Klebefolie, Sprühkleber oder Holzleim verwendet werden.

Blattmetalle
In der Regel wird für die Verarbeitung von Blattmetallen als Klebstoff Anlegemilch auf Wasserbasis verwendet. Sie können sich jedoch auch für Klebefilm entscheiden. Dabei gehen Sie folgendermaßen vor:
Ziehen Sie von einem ausreichend großen Stück Klebefilm die dünne Deckfolie ab, und belegen Sie diese Fläche deckend mit Blattgold, so daß der benötigte Teil möglichst im ganzen angefertigt werden kann. Überall dort, wo der Klebefilm auf die Passepartoutrückseite umgeschlagen werden soll, muß der belegte Klebefilm mindestens 1,5 cm überstehen. Genaue Formen werden mit dem Schneidemesser oder einer Schere zugeschnitten. (Bild 123)
Zierlinien schneiden Sie in der genauen Breite zu, wobei die Linien am weißen Abdeckpapier als Maß dienen können. Für die Länge rechnen Sie eine kleine Zugabe ein.
Das Abdeckpapier wird in der Mitte durchtrennt und zurückgebogen. Kleben Sie die Zierlinie von der Mitte ausgehend auf das Passepartout, aber belassen Sie jeweils an den Enden das Abdeckpapier, um ein Zusammenkleben der Streifen zu verhindern.
Wenn Sie die Linien auf allen vier Seiten geklebt haben, durchtrennen Sie die übereinanderliegenden Endstücke mit einem gemeinsamen Gehrungsschnitt. Nach Entfernen der Papierrückstände müssen die goldbelegten Klebefilmstreifen exakt zusammenpassen. (Bild 126)
Bei der Oberflächenfixierung darf das Passepartout nicht beschädigt werden.

Bezug des Einsatzrahmens

Sie benötigen vier Streifen Bezugsstoff, einige Zentimeter länger als das Rahmenaußenmaß. Die Breite berechnet sich folgendermaßen: Leistenbreite (am Profil anliegend gemessen) plus Falztiefe plus Umschlag an der Außenkante (falls sichtbar).
Für die Auswahl der Klebstoffe gelten dieselben Richtlinien wie beim Beziehen von Passepartouts mit Stoff. Im abgebildeten Beispiel wird die Ansichtsseite des Einsatzrahmens gleichmäßig, aber nicht zu dick mit Sprühkleber bedeckt. Legen Sie den ersten Stoffstreifen nach einer kurzen Abtrocknungszeit genau auf. Bei Einsatzrahmen ist die Leistenaußenkante üblicherweise durch einen darübergestülpten äußeren Rahmenteil abgedeckt. Der Bezug kann daher genau abschließen, während an der Innenkante ein Rest stehenbleibt, der in den Falz hineingeschlagen wird.
Drücken Sie den Bezug mit einem Tuch vorsichtig an den Einsatzrahmen. Es darf kein Klebstoff durch das Gewebe quellen.
Der besprühte Rahmen wird in den Ecken mit kleinen Reststücken Abdeckfolie (zum Beispiel vom doppelseitigen Klebefilm) bedeckt. Dann erst werden die Stoffstreifen übereinandergeschlagen und mit einem Schneidemesser gemeinsam in Gehrung durchtrennt. (Bild 127)
Nach Bezug der Gehrung wird am umgedrehten Rahmen noch der Falz bezogen.

Bild 126 Das Kleben von Passepartoutzierlinien aus mit Blattmetallen belegter Klebefolie ist recht einfach, wenn Sie den Bezug mit Hilfe eines kleinen Tricks in Gehrung schneiden.

Bild 127 Die Stoffstreifen werden übereinandergeschlagen und mit einem Schneidemesser gemeinsam in Gehrung durchtrennt.

Renovierung von Bildern und Rahmenoberflächen

Sollte trotz aller Mühe und Vorsichtsmaßnahmen eines Ihrer Bilder beschädigt werden oder für den Fall, daß ein altes Bild ein „Lifting" benötigt, lernen Sie hier einige einfache Renovierungsarbeiten kennen. Bitte bedenken Sie aber, daß es Spezialisten gibt, deren Wissen und Erfahrung weitaus größer sind, als ich Ihnen mit den folgenden Zeilen zu vermitteln in der Lage bin.

Glätten von gewellten Bildern

Bilder, die zu feucht gelagert werden oder gerahmt in zu feuchten Räumen hängen, beginnen sich unweigerlich zu wellen. Wenn man hier rechtzeitig reagiert, genügt es meistens schon, das Bild an der Rückseite leicht mit einer Blumenspritze zu besprühen, beiderseits mit Löschblättern zu bedecken und zwischen zwei Hartfaserplatten mit Tischlerzwingen etwa zwölf Stunden zu pressen. Sollte diese Methode nicht zum Ziel führen, so rate ich Ihnen von der Anwendung anderer, aufwendigerer Methoden ab, da das Risiko, das Bild noch mehr zu beschädigen, zu groß ist. Achtung: Hüten Sie sich davor, mit dem Bügeleisen die Wellen glatt zu bügeln!

Beseitigen von Staub, allgemeiner Verschmutzung von Drucken

Bei intensiver Verschmutzung kann nur noch das Bleichen in einem Chlorbad helfen. Diese sehr heikle Arbeit sollten Sie unbedingt dem Fachmann überlassen. Sollte die Verschmutzung aber nicht allzu schlimm sein, versuchen Sie es doch einfach mit einem Spezialradiergummi oder Gummipulver aus dem Künstlerbedarfsgeschäft. Sie können die gesamte Bildoberfläche mit dem Gummipulver bestreuen und mit gefühlvollen, kreisenden Handbewegungen abreiben. Das Pulver ist lange haltbar und öfters verwendbar.

Verstärken brüchiger Bilder

Es gibt mehrere Möglichkeiten, alte oder strapazierte Bilder zu verstärken. Auch hier gilt natürlich wieder: Wertvolle Originale gehören zu einem Restaurator!
Eine sehr einfache Methode ist das Aufziehen und Pressen eines Papierbildes mit säurefreiem Klebstoff oder doppelseitigem Klebefilm auf Museumskarton.

Kleine Risse in der Leinwand von Ölbildern hinterlegt man mit einem leimbestrichenen Stück Leinwand oder einem etwas stärkeren Baumwoll- oder Leinenstoff.

Reparieren beschädigter Rahmenoberflächen

Handwarmer, lichtechter Wachskitt in allen Holztönen, aber auch in Weiß, Grau und Schwarz, eignet sich besonders zum Füllen kleiner bis mittelgroßer Löcher und Kratzer. Eine zusätzliche Oberflächenbehandlung (eventuell Wachsvergoldung) ist nicht notwendig.
Kleine Kratzer und Schrammen sowie Lackfehler lassen sich sehr gut mit farblich passendem Farbretuschierstift abdecken.
Mit Holzkitt aus der Tube oder Dose, den es in vielen Holztönen gibt, lassen sich größere Beschädigungen, egal welcher Form oder Tiefe, schichtweise schließen. Die Bearbeitung der ausgehärteten Paste erfolgt wie bei Echtholz durch Schleifen, Raspeln oder Lackieren.
Ist ein kleiner Teil der Vergoldung abgeblättert, genügt des Entfernen lockerer Stellen, ein leichter Anschliff und, falls notwendig, der Teilaufbau des Grundes mit Kitt. Nach der Grundierung betupfen Sie diese Stellen dann noch mit Flüssiggold. Holzwürmer, siehe Seite 66. (Bild 128)

Bild 128 Abhängig von der Größe der Beschädigung und Art der Oberflächenbehandlung gibt es für Rahmen einige einfach durchzuführende Sanierungsmöglichkeiten.

Endmontagearbeiten

Legen Sie den Rahmen mit der Ansichtsseite nach unten auf einen weichen, aber nicht fusselnden Untergrund, um Beschädigungen der Rahmenvorderseite zu vermeiden und die Hammerschläge während der Montage zu dämpfen. Achten Sie darauf, daß das Glas bzw. die Bildbestandteile im Falz 2 bis 3 mm Spiel haben, eben aufliegen und der Falz absolut frei von Farb- oder Leimresten ist, da das Glas sonst bereits unter leichtem Druck zerspringen würde.

Museumsrahmung – „Paket"

Wer ein wertvolles Bild besonders schützen möchte, sollte die Einzelteile nicht einfach in den Rahmen einlegen, sondern sich zur Anfertigung eines „Pakets", wie es in Fachkreisen genannt wird, entscheiden.
Das „Paket" besteht aus den in der richtigen Reihenfolge übereinandergelegten Elementen, aus denen das Rahmeninnenleben optimalerweise aufgebaut ist. Durch ein umlaufendes Naßklebeband oder einen Kraftklebestreifen wird das „Paket" staubdicht verpackt. Das komplette „Paket" wird dann in den Rahmenfalz eingelegt. Glas, Passepartout, Trägerkarton und Rückwand weisen die gleichen Außenmaße auf und müssen im Rahmenfalz 2 bis 3 mm Luft haben.
(Zeichnung 17)

Aufbau des „Pakets"

1. Glasplatte
Glassorten und Zuschnitt siehe ab Seite 87.

2. Bezug
Falls Sie ein mit Stoff, Folie oder Spezialpapier überzogenes Passepartout verwenden wollen, lesen Sie ab Seite 100 einiges über die Anfertigung.

3. Passepartout
Ein Passepartout ist bei verglasten Bildern unerläßlich, um ein „Atmen" des Bildes sicherzustellen. Ist aus ästhetischen Gründen kein Passepartout erwünscht, muß eine andere Form von Abstandhaltern verwendet werden. Das Passepartout ist an der inneren Oberkante durch einen Klebestreifen klappbar mit dem Trägerpapier verbunden.

4. Bild
Das Bild ist genau auf ein Trägerpapier fixiert oder in ein Passepartout eingepaßt.

Zumpf – „Iphigenie",
Bleistiftzeichnung, Sammlung Ljubic.

Die zarte Bleistiftzeichnung ist mit einer schlichten, schwarzen Leiste gerahmt. Der fließende Übergang vom Bild auf den Rahmen wird durch Verwendung eines innenliegenden, schwarzen Fotokartons sowie durch Anfertigung einiger symmetrisch verlaufender Passepartoutzierlinien und einer hellgrauen Lasur hergestellt. Die Aussagekraft des Bildes betonend, wurde gezielt auf Verwendung einer gold- oder silberfarbigen Rahmung verzichtet.

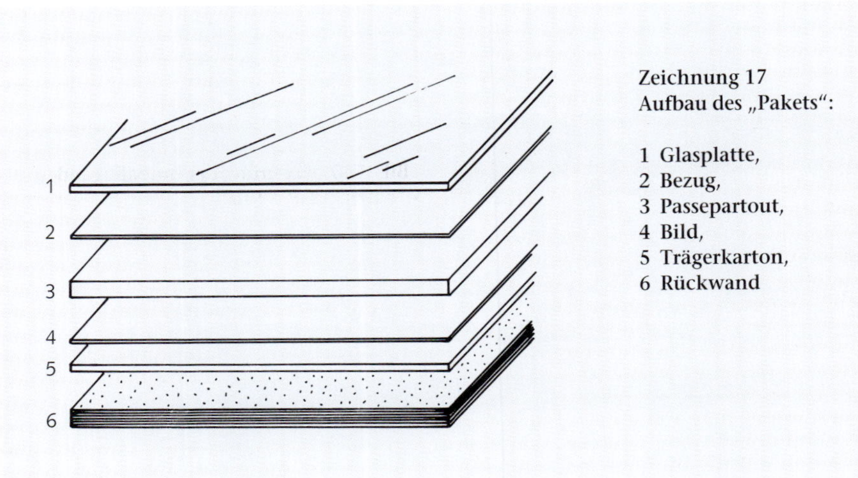

Zeichnung 17
Aufbau des „Pakets":

1 Glasplatte,
2 Bezug,
3 Passepartout,
4 Bild,
5 Trägerkarton,
6 Rückwand

5. Trägerkarton
Der Trägerkarton dient zur exakten Positionierung des Bildes im Rahmen, verstärkt und schützt es. Verwenden Sie daher stets säurefreie Qualität!

6. Rückwand
Je nach Rahmengewicht und geplanter Bildaufhängung kann die Rückwand aus starkem, säurefreiem Museumskarton oder einer 4 mm dicken Hartfaserplatte bestehen (Achtung: nicht säurefrei!).

Das „Paket" wird zum Schluß noch mit einem umlaufenden Klebestreifen verschlossen.

Montage des „Pakets"

Legen Sie die einzelnen Bestandteile des „Pakets" gesäubert auf Ihrem ebenfalls gereinigten Arbeitstisch exakt übereinander, so daß das Deckglas zuoberst liegt.
Halten Sie das Paket mit Leimgripzangen oder leichten Tischlerzwingen zusammen. Vergessen Sie aber nicht, zur besseren Druckverteilung beidseitig Rechteckleisten beizulegen. (Bild 129)
Die Klebestreifenlänge sollte um wenige Zentimeter kürzer sein als die Seitenlänge des Bildes, damit die Ecken frei bleiben („Luftlöcher").

Beginnen Sie mit dem Bekleben der Glasplatte. Drücken Sie mit einem nicht fusselnden Tuch den Klebestreifen fest an, und ziehen Sie ihn dann an der Kante über die anderen Bestandteile des „Pakets".

VORSICHT, DIE GLASKANTE IST SCHARF!

Entfernen Sie die Leimgripzangen, drehen Sie das Paket um 90°, und wiederholen Sie diesen Vorgang, bis alle vier Seiten verklebt sind.
Nachdem Sie alle Seiten auf diese Weise fertiggestellt haben, perforieren Sie den Klebestreifen in der Mitte der Bildober- und Bildunterkante mit einigen Nadelstichen, um zusätzliche Luftlöcher zu schaffen.
Nun können Sie das „Paket" in den bereitgelegten Rahmen einlegen.

TIP *Von einem absolut dichten Verschluß wertvoller Bilder ist abzuraten, da das Papier sonst nicht „atmen" kann. Es hätte wohl keinen Sinn, wenn das Bild nach Jahrzehnten zwar noch immer staubfrei wie frisch gerahmt erscheint, in Wirklichkeit jedoch das Papier durch totalen Luftabschluß einem fortschreitenden Zersetzungsprozeß ausgeliefert ist. Das perforierte „Paket" mit den unverklebten Ecken in Kombination mit dem perforierten „Staubdichten Verschluß" (auf Seite 109 beschrieben) erscheint mir eine sehr gute Möglichkeit zu sein, Staub von Bildern durch die doppelte „Staubschleuse" auf lange Zeit fernzuhalten und durch die Perforation sowie die unverklebten Ecken doch das benötigte Mindestmaß an Belüftung zu gewährleisten.*

Bild 129 Lassen Sie eine Seite des „Pakets" ein paar Zentimeter über den Tischrand ragen. Je nach „Paket"- und Klebebandbreite teilen Sie die Bandbreite gleichmäßig zwischen Ober- und Unterseite auf. Achten Sie aber darauf, daß das Klebeband auf jeden Fall durch den Rahmenfalz abgedeckt wird.

Rückwandfixierung

Bild 130 Fixierung der innenliegenden Rückwand mit Tapetenleistenstiften

Bild 131 Fixierung der innenliegenden Rückwand mit Glaserblecheckchen

Für innenliegende Rückwand – erste Möglichkeit

Werkzeug/Material

Mit Isolierband umwickelte Zange, Tapetenleistenstifte, ca. 25 mm lang; Papierklebestreifen (Bild 130)

Anleitung

Das in den Rahmen eingelegte „Paket" (bzw. bei Bildern ohne „Paketanfertigung" die verwendeten Teile in der entsprechenden Reihenfolge) wird mit Hilfe einer Zange (Backen zum Schutz der Leiste mit Klebeband umwickeln) und einigen Tapetenleistenstiften im Rahmen fixiert. Drücken Sie die Stifte mit der Zange durch den Rückwandkarton leicht nach innen geneigt so tief in die Leiste, daß die Rahmenaußenseite nicht durchstoßen wird. Der Abstand der Leistenstifte zueinander beträgt je nach Paketgewicht 8 bis 15 cm. Verkleben Sie zusätzlich die Rückwand mit der Rahmenleiste mit einem umlaufenden Papierklebestreifen, der zwecks Belüftung perforiert werden sollte.

Für innenliegende Rückwand – zweite Möglichkeit

Werkzeug/Material

Hammer, Kreuzschlitzschraubendreher, Glaserblecheckchen, Papierklebestreifen (Bild 131)

Anleitung

Die zweite Möglichkeit, die Rückwand zu fixieren, ist die Montage des „Pakets" (bzw. der ausgewählten Teile) mittels Glaserblecheckchen. Verwenden Sie den Kreuzschlitzschraubendreher als Haltewerkzeug, und schlagen Sie mit dem Hammer oder drücken Sie die kleinen Ecken genau, leicht schräg nach innen gerichtet und direkt an der Rückwand anliegend, in die Rahmenleiste ein. Am Ende sollten etwa zwei Drittel der Glaserblecheckchen in der Leiste stecken und das restliche Drittel die Rückwand halten. Verkleben Sie Rückwand und Rahmenleiste mit einem umlaufenden Papierklebestreifen (perforieren!).

Bild 132 Fixierung für knapp innenliegende oder plane Rückwand mit Wechselrahmenfedern

Für knapp innenliegende oder plane Rückwand

Werkzeug/Material
Hammer, Kreuzschlitzschraubendreher, Wechselrahmenfedern mit dazu passenden kleinen Allzweckschrauben, Klebestreifen (Bild 132)

Anleitung
Nageln Sie die gebogenen Wechselrahmenfedern mit den beigepackten Nägeln an der Rahmenrückseite so fest, daß die Krümmung der Feder auf die Rückwand den nötigen Druck ausübt und diese (bzw. das „Paket“) in Position hält. Für größere Rahmen sollten Sie die Wechselrahmenfedern in 40 mm Länge mit passenden Allzweckschrauben montieren, unter denen ein umlaufender, perforierter Klebestreifen zusätzlich vor unerwünschtem Staub und Schmutz schützen kann.

Für Rückwand knapp kleiner als Rahmenaußenmaß

Da die Rückwand auch den Rahmen abdeckt, ist diese Montagevariante besonders für schmale oder schwere Leisten als Versteifung der gesamten Rahmenkonstruktion zu empfehlen.

Werkzeug/Material
Schraubendreher oder Tacker, Rückwandschrauben, Tacker-Klammern, Leim (Bild 133)

Anleitung
Schrauben Sie die Rückwand mit speziellen Rückwandschrauben etwa in der Leistenmitte fest (bei Bedarf vorbohren!).
Eine andere Möglichkeit ist die Montage der Rückwand mittels Tacker.
In beiden Fällen gibt eine Leimschicht zwischen Rahmen und Rückwand zusätzlichen Halt. Bedenken Sie jedoch, daß sich diese Verbindung nur noch mit einem Cutter aufschneiden läßt.

Bild 133 Die Montage größerer, plan aufliegender Rückwände erfolgt mittels Rückwandschrauben oder Tacker-Klammern.

Staubdichter Verschluß

Der „staubdichte Verschluß“ ist eine sehr gute Möglichkeit, Bilder auf lange Zeit staubfrei zu halten, vorausgesetzt, Sie bauen den Rahmen von Anfang an sauber zusammen.

Werkzeug
Maßband, Cutter, Pinsel, Gummiwalze oder Tuch, Nadel

Material
Bilderrahmen mit montiertem „Paket“, passendes unbedrucktes Packpapier, Blumenbesprüher oder angefeuchteter Schwamm, Leim

Anleitung
Schneiden Sie das Packpapier so zu, daß es das Rahmenaußenmaß um einige Zentimeter überragt.

Besprühen Sie das Papier mit Wasser, oder benetzen Sie es mit einem feuchten Schwamm, damit sich das Papier ausdehnt. Benetzen Sie nur so viel, wie das Papier leicht aufsaugen kann. Beachten Sie, daß zu nasses Papier reißt und unnötig Feuchtigkeit an das „Paket“ weitergibt.
(Bild 134)
Tragen Sie auf der Rückseite der Bilderrahmenleiste durchgehend Leim auf, und verstreichen Sie diesen dünn mit einem Pinsel.
Legen Sie das ausgedehnte Packpapier über die leimbestrichene Rückwand und glätten Sie das Papier vorsichtig mit einem Tuch oder einer Gummiwalze.

Wenn das Papier getrocknet ist, haben Sie einen straffen, dichten Bezug.
Die über den Rahmen stehenden Papierränder werden nach dem Trocknen mit einem Cutter sauber abgetrennt. Wenn Sie die Technik gut beherrschen, kann das Papier auch etwas kleiner als der Rahmen sein.
Wie bereits beim „Paket“ erwähnt, ist ein absolut dichter Verschluß wertvoller Bilder nicht vorteilhaft, da das Papier sonst nicht „atmen“ kann. Durch einige Nadelstiche in die Packpapierabdeckung wird eine ausreichende Belüftung gewährleistet, während durch diese und die innenliegende Paketversiegelung kaum Staub eindringen kann.

Bild 134 Die Anfertigung eines „staubdichten Verschlusses“ erhält Ihnen über viele Jahre die Freude an Ihrem Bild.

Aufhängemöglichkeiten

Auch das Thema der Aufhängung darf nicht vernachlässigt werden. Was hat man schließlich vom schönsten Bild, wenn es unvermutet von der Mauer stürzt?
Die Art der verwendeten Halterung sowie die Entscheidung für die Montageform hängen in erster Linie vom Gesamtgewicht des Bildes sowie von der Tragfähigkeit der Rahmenkonstruktion ab. Wählen Sie unter den folgenden Aufhängungen.

Montage von Klappösen

Es gibt unterschiedliche Größen von Klappösen. Die kleinste hat Größe Nr. 1 und wird mit zwei sehr kleinen Nägeln auf die Rahmenleiste genagelt. Die größte und stärkste, Nr. 4 oder 5, wird meist mit drei starken Stahlnägeln fixiert. Da es über das Traggewicht keine genormten Richtlinien gibt, unterliegt die Auswahl wohl Ihrer Erfahrung. (Bild 135)

Werkzeug/ Material
Maßband, Hammer, Klappösen, Nägel, Sekundenkleber

Anleitung
Messen Sie die Leistenmitte aus (bei Rahmen mit starker asymmetrischer Strukturierung kann der Schwerpunkt auch ein wenig außerhalb der Mitte liegen), und setzen Sie die Klappöse mit einem Tupfen Sekundenkleber knapp unterhalb der Leistenoberkante auf. Nun drücken Sie 15 Sekunden an und schlagen dann die passenden Nägel mit einem kleinen Hammer in die Leiste, wobei die Nägel sicherer halten, wenn die Nagelspitzen schräg nach oben Richtung Leistenaußenseite zeigen.

TIP *Ich mußte einmal die schmerzliche Erfahrung machen, daß es einem überlang aus der Wand ragenden Haken durch Hebelwirkung leicht gelingen kann, Nägel aus der nur aufgenagelten (aber vom Bildgewicht her völlig ausreichend dimensionierten) Bilderklappöse herauszuziehen. Auch das ist ein Grund, warum ich die Klappösen immer zusätzlich mit Sekundenkleber fixiere und mir die Wandhaken, denen ich meine Bilder anvertraue, nun immer besonders genau anschaue.*

Bild 135 Montage von Klappösen

Montage von zwei Ringschrauben

Ringschrauben, wie sie hier verwendet werden, bestehen eigentlich aus zwei Teilen, die miteinander verbunden sind: der eigentlichen Ringschraube und einem durchgefädelten Ring. Der Einfachheit halber bezeichne ich im folgenden Text die gesamte Kombination als Ringschraube.

Werkzeug/ Material

Maßband, Bleistift, 2 Ringschrauben mit Ring, Schraubendreher, evtl. Holzbohrer

Anleitung

Für die korrekte Montage zweier Ringschrauben muß das senkrechte Rahmenmaß gedrittelt werden. Am Schnittpunkt von Leistenmitte und erstem Drittelmaß werden die beiden Ringschrauben in den linken und rechten senkrechten Rahmenteil eingeschraubt. Wenn Sie einen dünnen Schraubendreher durch den Kopf der Schraube stecken, gelingt die Arbeit leichter. (Bild 136)

Um das Sprengen zierlicher Rahmenleisten zu vermeiden, können Sie den Rahmen gegebenenfalls mit einem dünnen Holzbohrer vorbohren. Dies ist auch bei Hartholzrahmen nötig, um ein „Abdrehen“ der Ringschrauben während der Montage zu verhindern.

Bild 136 Die Einteilung der Proportionen für die richtige Montage von zwei Ringschrauben mit Ring

Montage von zwei Ringschrauben mit Bilderdraht oder Nylonschnur

Eine Variante zu oben genanntem Beispiel ist die Aufhängung mit Ringschrauben, durch die ein Bilderdraht oder eine stabile Nylonschnur gefädelt wurde. Das Bild läßt sich auf diese Weise einfacher waagerecht montieren.

Werkzeug/ Material

Maßband, Bleistift, Schere und Nylonschnur oder Bilderdraht und Zange, 2 Ringschrauben, 1 Ring zusätzlich, Schraubendreher

Anleitung

Siehe „Montage von zwei Ringschrauben“.

TIP *Achten Sie darauf, daß nach Montage des Drahtes bzw. der Schnur die gesamte Aufhängung durch den Rahmen komplett abgedeckt wird bzw. der Mauerhaken hinter dem Bild komplett verschwindet. (Bild 137)*

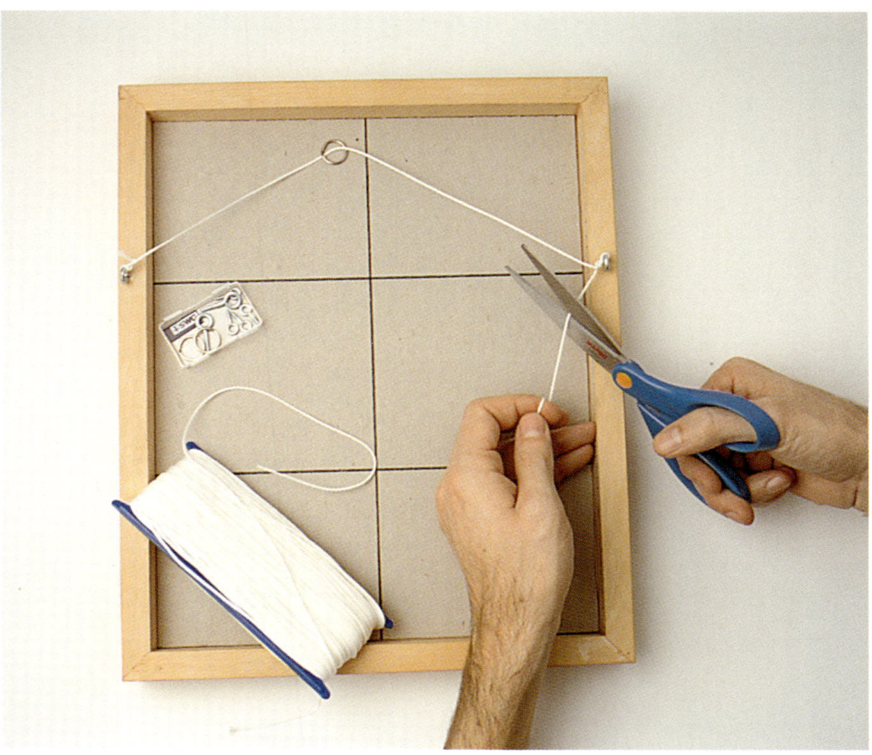

Bild 137 Montage von zwei Ringschrauben und Bilderdraht

Halterung aus vier Ringschrauben mit Bilderdraht

Diese Montageart ist für schwere Rahmen gedacht, bei denen ein zusätzliches Zusammendrücken der Gehrungsschnitteile sinnvoll erscheint. Sie ist jedoch auch für große Rahmen aus verhältnismäßig schmalen Leisten zu empfehlen, bei denen die Last des Bildes nicht durch die über die Leisten reichende Rückwand getragen wird und somit die Leisten nachgeben könnten.

Eine innenliegende Rückwand ermöglicht Ihnen, vier Ringschrauben schräg nach innen gerichtet in die Leisten zu drehen. Das Bild kann somit direkt an der Wand anliegen.

Werkzeug/ Material

Maßband, Bleistift, Schraubendreher, Bilderdraht mit Zange oder Nylonschnur und Schere, 4 Ringschrauben ohne Ring sowie 1 bis 2 Ringe zusätzlich.

Anleitung

Die günstigste Position wird durch senkrechtes und waagerechtes Dritteln des Rahmenmaßes berechnet. (Bild 138)

Die Ringschrauben werden durch Bilderdraht oder eine Nylonschnur verbunden, die durch das Gewicht des Bildes die Rahmenteile zusammenzieht. Zur einfachen und sicheren Montage an der Wand können zusätzlich noch ein bis zwei Ringe mitgefädelt werden. Achten Sie darauf, daß die gesamte Konstruktion auch unter Belastung vom Bild vollständig abgedeckt wird.

Bild 138 Optimale Einteilung für die Montage von vier Ringschrauben und Bilderdraht

Aufsteller für kleine Bilder

Kleine Bilder und Fotos werden gerne auf ein Regal oder eine Kommode gestellt. Dafür benötigen Sie statt der Aufhängung einen stabilen Aufsteller. Entscheidend ist dabei meiner Meinung nach die Stabilität der Ausführung und weniger die Ausführung an sich. Ich möchte mich daher nicht mit der Aufzählung von Bezugsmöglichkeiten befassen, sondern lediglich die Anleitung für eine mögliche Grundkonstruktion aufzeigen und deren Gestaltung Ihnen überlassen. In der Regel werden Bilderstützen an innenliegenden Rückwänden montiert. Bei entsprechend stabiler Rückwandmontage ist das Anbringen einer Stütze jedoch auch auf außen liegenden Rückwänden möglich.

Werkzeug
Cutter, Winkellineal, Hammer, Kreuzschlitzschraubendreher

Material
Dicker Museumskarton, gewebeverstärkter Klebestreifen, Leinenband (etwa 2,5 cm breit), Bezug nach Wahl, Klebstoff, zum Bezug passend, Glaserblecheckchen

Anleitung
Mit dem Cutter wird aus dem Museumskarton ein rechtwinkeliges Stück geschnitten, etwa 1 mm kleiner als das Rahmeninnenmaß (= Trägerkarton). (Zeichnung 18)
Die Maße der Stütze ergeben sich wie folgt:

- Breite am oberen Ende: 4 bis 5 cm,
- Basisbreite je nach Bildgröße: 5 bis 7 cm,
- Höhe: 1 mal Leistenbreite plus zwei Drittel der Trägerkartonhöhe.

(Zeichnung 19)
In den Trägerkarton wird im ersten Drittelmaß von oben mit dem Cutter ein Schlitz geschnitten, der der Breite des Stützenoberteiles entspricht. Legen Sie dazu die Stütze an der unteren Kante abschließend auf den Trägerkarton, und übertragen Sie den Schlitz. Dann wird in die Stütze in zwei Drittel der Stützenhöhe mittig ein zweiter Schlitz geschnitten, durch den später das Leinenband geführt wird. Übertragen Sie auch diesen Schlitz auf den Trägerkarton.
Verkleiden Sie Stütze und Rückwand nach Belieben mit Stoff (Sprühkleber). Ziehen Sie den Leinenstreifen durch die beiden Schlitze und die Stoffverkleidung, und biegen Sie ihn um. Kleben Sie ihn an der Stütze fest. Versuchen Sie, das zweite Ende in optimaler Länge (ideale Schräglage ausprobieren) abzuschneiden, und fixieren Sie dieses am Trägerkarton.
Die Rückwand wird mit Glaserblecheckchen am Rahmen befestigt.

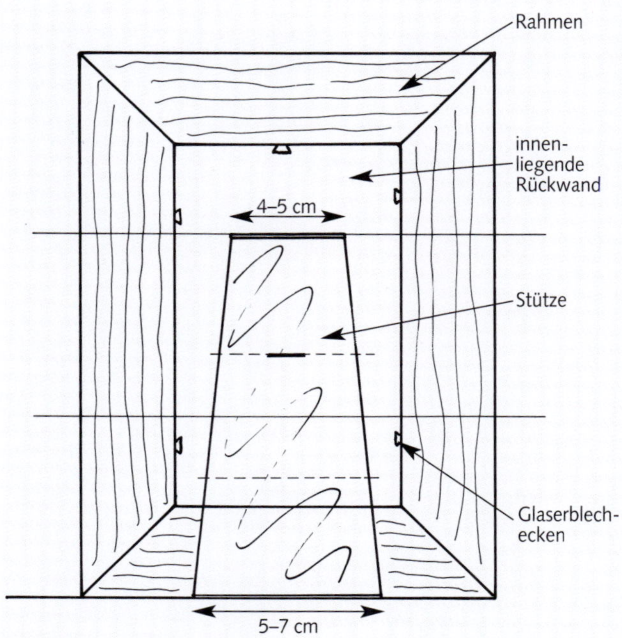

Zeichnung 18 Rahmenrückseite mit anliegender Stütze

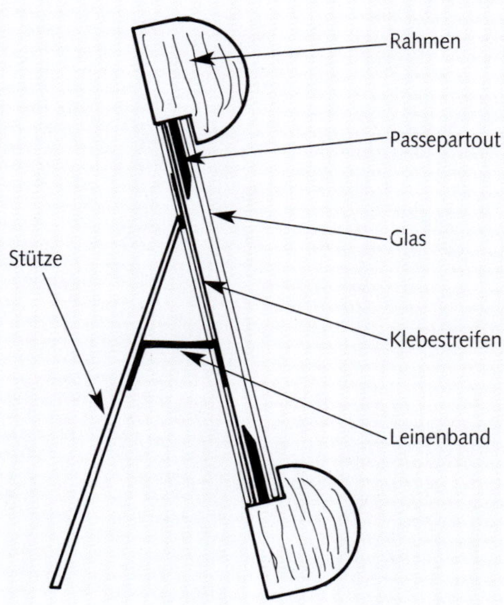

Zeichnung 19 Das aufgestellte Bild in optimaler Schräglage

KADMIUMROT
Cadmium red
rouge cadmium
rosso di cadmio
AQUATEC
ACRYLIC
KOBALTBLAU
Künstler Acryl Farben

Mit Ihrem nun erworbenen Wissen rund um das Thema „Bilderrahmen – selbstgemacht“ stehen Ihnen unendlich viele Möglichkeiten offen.

Probieren Sie aus, experimentieren Sie mit Formen und Farben, lassen Sie sich von meinen Beispielen zu eigenen Entwürfen anregen, folgen Sie niemals kritiklos irgendwelchen Regeln.

Unter heutigen Gesichtspunkten sollte ein Rahmen – wie in einer guten Partnerschaft üblich – einen gleichwertigen Partner darstellen, das Bild ergänzen und aufwerten, sich nicht unterordnen, aber auch nicht dominant wirken. Diese Gratwanderung wird Ihnen von Bild zu Bild mit wachsender Erfahrung immer leichter fallen und doch jedesmal eine spannende Herausforderung darstellen.

Sie haben das Rüstzeug für die Anfertigung klassischer und moderner, preiswerter und erlesener Rahmen mitbekommen – nun viel Glück, machen Sie das Beste daraus!

Danksagung

An erster Stelle möchte ich mich bei meiner Familie bedanken, deren Geduld und Ausdauer besonders während der letzten Monate auf eine harte Probe gestellt wurden.

Für ihre hilfreiche Unterstützung beim Fotografieren bedanke ich mich außerdem bei Natascha und Sepp, ohne die dieses Projekt wohl nicht durchzuführen gewesen wäre.

Außerdem bedanke ich mich herzlich bei meinen Auftraggebern der letzten Jahre für die Bereitstellung einiger in Privatbesitz befindlicher gerahmter Bilder, die als Musterbeispiele zur Verdeutlichung verschiedener Techniken und Gestaltungsmöglichkeiten abgebildet sind.

Mein Dank gilt auch vor allem jenen Künstlern, die mir durch die Zustimmung zur Veröffentlichung ihrer Werke die Möglichkeit gaben, die Reichhaltigkeit der möglichen Wege zur Rahmenherstellung und Oberflächengestaltung aufzuzeigen.

Für Fragen oder Anregungen stehe ich Ihnen gerne zur Verfügung. Wenden Sie sich bitte schriftlich an den Verlag oder an mich persönlich:
Designerrahmen Sylvia Ljubic,
Geißfußgasse 43, A-1100 Wien,
Tel 0043-(0)1-6881350.

Nicht zuletzt danken Verfasserin und Verlag den nachstehenden Firmen, die durch Bereitstellung von Material und Werkzeugen das Erscheinen dieses Buches erst ermöglicht haben:

Firma Bessey & Sohn GmbH und Co.KG (Spanntechnikprodukte)

Firma Bosch

Firma Hahnemühle, Büttenpapierfabrik

Firma Clou, Lackfabrik
Firma Henkel (Holzleim und Sekundenkleber)

Firma C. Kreul, Künstler.Farben.Fabrik. GmbH & Co. KG

Firma MAPED (Passepartoutschneidesyteme, Tuscheliner)

Firma Pelikan

Firma SWG, Schraubenwerk Gaisbach (Eisenwaren)

Firma STUBA-WERKZEUG-INDUSTRIE GmbH

Firma TILO, G. Schattenecker Holzwaren GmbH

Firma Oskar Vangerow GmbH & Co.KG

Fachbegriffe

Alterungsbeständigkeit: Durch entsprechene Rohstoffauswahl und Zusatz bestimmter Stoffe wird die natürliche Lebensdauer von Materialien wesentlich verlängert.

Beizen: Künstlich hergestellte Pigmentierung (Einfärbung) des Holzes.

Blattmetall: Etwa 10 x 10 cm große, hauchdünne Blätter aus Gold oder Goldimitationen, in verschiedenen Metallfarben im Fachhandel erhältlich.

Bogen: Hier die in endlosen Bahnen gefertigten Papier- und Kartonsorten, die quer zur Laufrichtung zu einzelnen Blättern verschiedener Formate geschnitten werden.

Bürsten: Mögliche Art der Oberflächenbearbeitung (eventuell in Verbindung mit Kalkpaste); ähnlich dem Kratzen.

Dicke von Passepartoutkarton: Wird mittels Dickenmeßgerät (Mikrometer) unter Belastung von 1 kg/cm^2 ermittelt und in Millimeter angegeben.

Einsatzrahmen: Rahmen, der durch Kombination mehrerer Einzelrahmen entstanden ist und einen vom restlichen Rahmen optisch abgehobenen „Einsatz" hat.

Falz: Ausnehmung im Rahmenprofil; dient zur Aufnahme des Bildes und aller dazugehörenden Teile.

Falzleiste: Auf falzlose Leiste zurückspringend aufgesetzte Rechteckleiste, die zur Konstruktion des Falzes dient.

Falzmaß: Innere Rahmenlichte inklusive Falz gemessen. Wichtig zur Ermittlung der richtigen Rahmengröße.

Falztiefe: Konstruktionsmäßig variable Ausnehmungstiefe auf der Rahmenhinterseite für die Aufnahme von Bild, Rückwand usw. Mindestens 5 mm, empfehlenswert 1 cm.

Fase: Schräg (hier: 45°) abgeschliffene bzw. gefräste Fläche entlang der Holzleiste.

Faserlauf: siehe „Laufrichtung"

Flachdübel: Flache, etwa elliptische und schichtverleimte Holzplättchen zur stabilen Verleimung von mit der Schattenfugenfräse bearbeiteten Holzteilen.

Flächengewicht: Grammgewicht von Papier- und Kartonsorten pro Quadratmeter.

Gehrung (-sschnitt): Leistenzuschnitt in einem entsprechenden Winkel, um mehrere Leisten zu einem Ganzen zusammenfügen zu können. Je nach geplanter Rahmenform sind verschiedene Winkel möglich, in der Regel werden 45°-Winkel verwendet.

Glaserblecheckchen: Dünne, dreieckige Montageecken aus Metall von etwa 1 cm Seitenlänge.

Heft: Hier der Griff des Schnitzeisens.

Hirnholz: Die entstandene Holzfläche, wenn ein Brett (oder eine Leiste) quer zum Faserlauf durchtrennt wird.

Kalken: Mögliche Oberflächenbehandlung von Rahmenleisten durch Einreiben mit Kalkpaste.

Kaschieren: Verkleben zweier unterschiedlicher Werkstoffe zur Verbesserung der Haltbarkeit oder Stabilität.

Kastenrahmen: Rahmenmodell aus besonders tiefem Leistenprofil für Sammlerstücke und andere dreidimensionale Objekte.

Kittstreicher: Mitteldingzwischen sehr schmaler Spachtel und ungeschliffenem Messer für die Bearbeitung von Kitt und ähnlichen Werkstoffen.

Klappöse: Eine flache Aufhängehilfe, die auf die Rahmenrückseite genagelt oder geschraubt wird.

Krakelieren: Althergebrachte, besonders erlesene Technik zur künstlichen Alterung von Oberflächen.

Lackierung: Auftragen einer Schutzschicht auf der fertigen Rahmenoberfläche mit Pinsel oder Sprühdose.

Laufrichtung: Produktionsbedingte Ausrichtung von Fasern bei industriell gefertigten Papieren und Stoffen.

Leim: Ursprünglich aus Tierabfällen, jetzt aus Kunstharz hergestellter Klebstoff; ideal für alle Arbeiten mit Holz.

Leistenprofil: Oberflächenform einer Leiste. Kann durch Kombination mit anderen Leisten oder Bearbeitung verändert werden.

Marmorieren: Eigene Technik, mit der durch Spezialfarben nahezu alle Oberflächen rasch und einfach dekoriert werden können.

Maserung: Gewachsene Laufrichtung des Holzes. Wichtig für Zuschnitt, Schnitzen und andere Holzbearbeitungsarten.

„Paket“: Weitläufig verbreiteter Fachbegiff für die in entsprechender Reihenfolge übereinandergelegten und miteinander verklebten Einzelteile, die der Rahmenfalz aufzunehmen hat.

Passepartoutkarton: Siehe Seite 10.

Raspeln: Strukturierung der Rahmenoberfläche in Richtung der Maserung mit Hilfe einer Raspel.

Säurebrand: Siehe Seite 10.

Schlegel: Klobiger, runder Holzhammer, mit dem durch Schlagen auf das Heft des Schnitzwerkzeuges die gewünschten Motive geschnitzt werden können.

Spachtel: Flaches Metallwerkzeug mit Holz- oder Kunststoffgriff zum Auftragen und Glätten von Kitt oder Holzpaste.

Schwinden: Vorgang, wenn unsachgemäß behandeltes Holz oder Holzleisten durch Austrocknung übermäßig schrumpfen.

Winkelspanner, Eckzwinge: Von der Funktion ähnlich einer Zwinge, jedoch speziell zur Herstellung von 90°-Eckverbindungen.

Zellstoff: Aus Holz gewonnener Faserstoff, der zur Herstellung von Passepartoutkarton verwendet wird.

Zwinge: Schraub- oder Klemmzwingen sind handliche Werkzeuge zur raschen und stabilen Fixierung von Werkstücken untereinander oder auf dem Arbeitstisch, um deren Bearbeitung zu erleichtern.